KLÖSTER

Spirituelle Orte des Glaubens in aller Welt

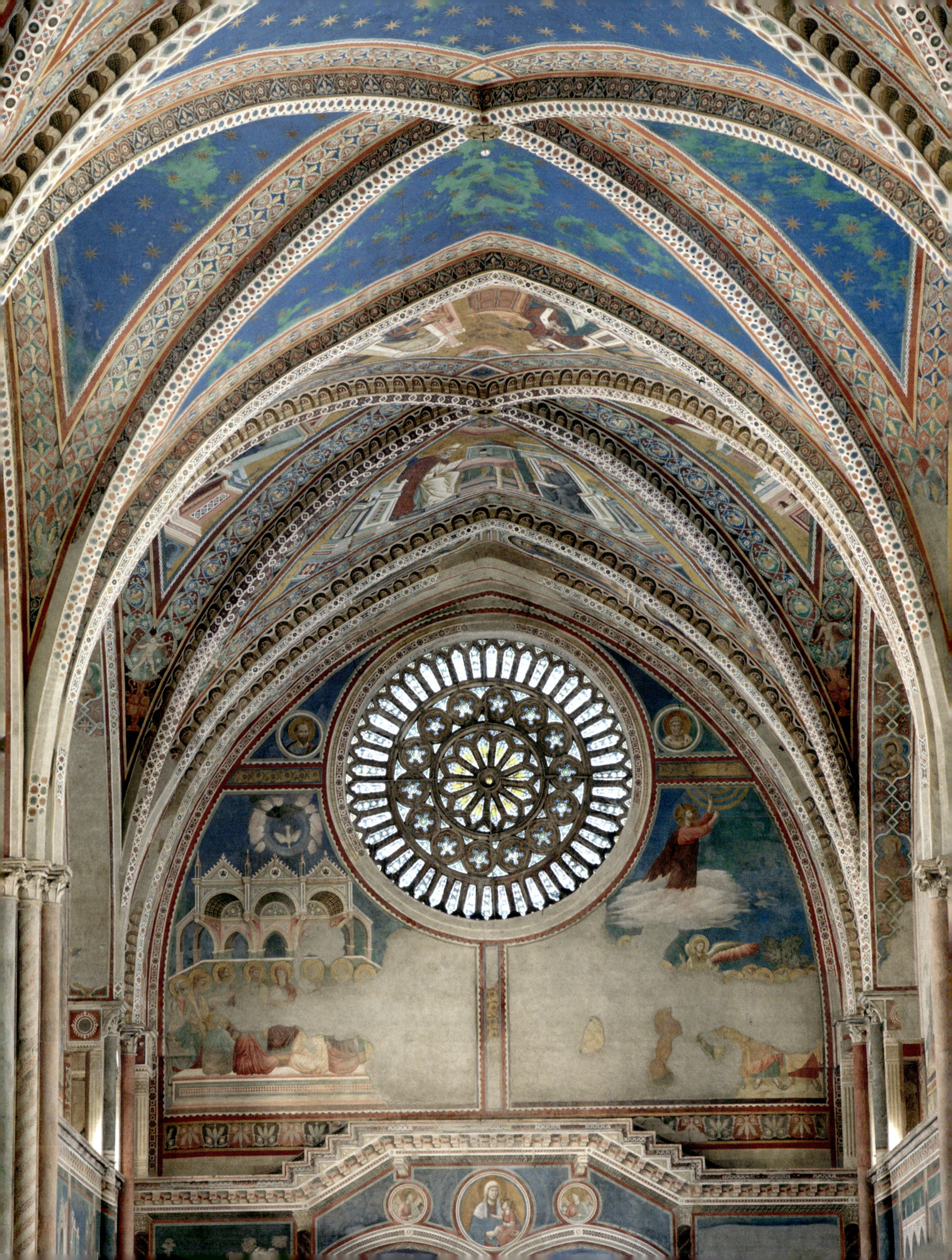

Markus Hattstein

KLÖSTER

Spirituelle Orte des Glaubens in aller Welt

Parragon

Bath · New York · Singapore · Hong Kong · Cologne · Delhi · Melbourne

INHALT

Einleitung

Kloster auf der Hebrideninsel Iona (Schottland): *das geistige Zentrum des iro-schottischen Mönchtums und seiner Missionierung des europäischen Kontinents.*

Klöster – das waren und sind Orte des Rückzugs, der stillen Betrachtung und des Gebets (lat. *claustrum*: ein verschlossener Ort). Darüber hinaus waren sie stets Zentren der Bildung und des Studiums, der Kolonisierung und Zivilisation, des Heilwissens und der Musik, der geistlichen Politik und Glaubenskämpfe und vor allem auch der Kunst und Architektur; und sie sind es bis heute.

Das vorliegende Buch führt anhand von Beispielen aus den Epochen der Kunst und Architektur in die Welt der Klöster ein: Bedeutende Großklöster werden in Text und Bild ebenso dargestellt wie weniger bekannte, doch architektonisch reizvolle Bauten. Im Zentrum stehen die Klöster des westlichen Christentums; hier werden Klosterbauten in West- und Mitteleuropa sowie Amerika vorgestellt – desgleichen die vielgestaltige Welt der orthodoxen Klöster in Osteuropa und im Orient. Und schließlich wendet sich das Buch den Klosterbauten der Religionen Hinduismus, Buddhismus, Jainismus, Daoismus und Islam zu.

Die Anfänge – Eremiten und Klöster in der Wüste

Die ersten Mönche im Christentum waren Eremiten, die sich in die Wüste zurückzogen und vollständig dem Gebet widmeten; als Wohnorte wählten sie Felshöhlen oder Gräber, in denen sie sich oft einmauern ließen und von Anhängern mit Nahrung versorgt wurden. Aus der Nachbarschaft mehrerer Einsiedeleien entstanden die ersten Klosterge-

meinschaften – mit einfachen, ummauerten Klosteranlagen. Ihr asketisches Zusammenleben, unter Leitung eines Vorstehers und in strengster Zucht, betonte die Gleichheit ohne Besitz. Meist kamen die Mönche und Nonnen nur zu Mahlzeiten und gemeinsamem Gebet in einer kleinen Klosterkirche zusammen und lebten ansonsten in Einzelzellen – wie die steinernen Bienenkorbhäuschen der iroschottischen Mönche bis heute bezeugen. Mönchsväter verfassten frühe, äußerst strenge und asketische Klosterregeln; die erste stammt von dem ägyptischen Mönch Pachomios (um 292–346). Auf sie gehen spätere Klosterregularien des gesamten Abendlandes zurück, etwa die iro-schottischen Klosterregeln des Columban von Luxeuil (540–615).

Benedikt von Nursia und die Benediktiner

Besonders Benedikt von Nursia (480–547) gab dem abendländischen Klosterwesen entscheidende Impulse. Seine Regel – *Ora et labora:* Bete und arbeite! – betont das Ordensziel der körperlichen Arbeit für die Gemeinschaft neben dem kontemplativen Gebet. Die Klöster wuchsen daraufhin zu sich selbst versorgenden, dorfartigen Anlagen mit Werkstätten, Landwirtschaft und Tierzucht; zugleich machten Mönche in gewaltigen Zivilisierungsanstrengungen die Landschaft urbar und wurden mit ihren Klosterschulen und Schreibstuben zu Trägern des abendländischen Bildungswesens. Durch Privilegien und Stiftungen bald politisch und wirtschaftlich mächtiger Feudalherren wurden ihre Klosterkirchen zu den größten Gotteshäusern einer Region. Die Reformbewegung von Cluny erkämpfte im 10. und 11. Jahrhundert schließlich eine noch größere Selbstständigkeit der Klöster gegenüber den Landesherren.

Architektonisch waren die Romanik und die Gotik die großen Epochen der Kirchen- und Klosterbauten: Auf die wehrhaft und gedrungen wirkenden Bauten der Romanik folgte mit ihrer schlanken, grazilen und hoch aufragenden Bauweise der „Himmelssturm“ der Gotik. Filigrane Ausarbeitungen von Strebewerk, Portalen und spitzbogigen Kirchenfenstern mit Maßwerk erreichten hier ihren Höhepunkt.

Der Mönchsvater und Eremit Antonius der Große (251–356), dessen Leben zum Vorbild der ersten Mönchsgemeinschaften wurde (Figurenstudie zum Isenheimer Altar des Matthias Grünewald, um 1512/16).

*Oben links: Wandmalereien über dem Grab des Mönchsvaters Antonius im **Antoniuskloster in der Wüste bei Zafrana** (Ägypten).*

Oben rechts: Benedikt von Nursia überwacht den Bau von zwölf Benediktinerabteien (Fresko im Kreuzgang der Abtei Monte Oliveto Maggiore, aus dem 16. Jahrhundert); die Gründung immer neuer Klöster durch Mönche der großen Mutterklöster erfolgte rasch und effizient.

*Rechte Seite: Das spätgotische Portal der Klosterkirche des 1385 gestifteten **Dominikanerklosters Santa Maria da Vitória in Batalha** (Portugal).*

Die Klöster der Reformorden

Gegen die gewaltigen Klosterbauten und den Reichtum der Benediktiner erhoben sich Reformorden: Die Zisterzienser kehrten im 12. Jahrhundert zu den ursprünglichen Idealen Benedikts zurück und errichteten ihre Klöster in öden Sumpfgebieten und in betont schlichter und strikt funktionaler Bauweise ohne allen Zierrat. Ihre entbehrungsreichen Kolonisierungsleistungen wie ihre straffe Organisation in Mutter- und Tochterklöster (Filiation) sicherte ihnen eine rasche und umfassende Ausbreitung in Europa. Andere Orden – wie die Kartäuser, Karmeliter und später die Trappisten – kehrten in Ordensregeln und Architektur zu den Anfängen zurück und verbanden Formen der Klostergemeinschaft erneut mit Eremitentum.

Eine große Wirkung entfalteten die Bettelorden der Franziskaner und Dominikaner; sie widmeten sich der Volksseelsorge, Armenpflege und Predigt, errichteten ihre Klöster daher nicht abseits hinter hohen Mauern, sondern inmitten der Städte, wo sich ihre Bauten der Stadtarchitektur einfügten. Im „Armutsstreit" des 14. Jahrhunderts bezog der radikale Flügel der Franziskaner massiv gegen die weltliche Macht und den Reichtum der Kirche und Klöster Stellung, während die Dominikaner sich die Wissenschaft und die Inquisition gegen „Ketzer" und Abweichler zur Aufgabe machten.

Klöster in Reformation und Gegenreformation

Diese Entwicklungen waren bereits Vorboten der Reformation, welche im 16. Jahrhundert die Kirche in Mitteleuropa grundlegend verändern sollte: Die protestantischen Landesherren lösten die Klöster auf und zogen deren Besitz ein; Bauern und radikale Bilderstürmer zerstörten oder plünderten zahlreiche Klöster als verhasste Symbole weltlicher Herrschaft, andere gingen in den Religionskriegen zugrunde.

Im Zuge der Gegenreformation erneuerte die katholische Kirche auch das Ordens- und Klosterleben. Der militärisch organisierte Jesuitenorden, Träger der Gegenreformation, errichtete seine Kirchen und Konvente inmitten von Universitätsstädten und Brennpunkten konfessioneller Auseinandersetzung. Wie die Kapuziner – ein Reformzweig der Franziskaner – widmeten sich die Jesuiten der Volksmission und suchten mit ihren Klöstern die Nähe zu den

Barocke Pracht: Der Bibliothekssaal des ***Benediktinerklosters Wiblingen in Ulm;*** *der Saal erhielt 1744 ein riesiges Deckengemälde von Franz Martin Kuen. Das 1093 gegründete Kloster wurde ab 1714 vollständig barock umgebaut.*

Gläubigen. Ein neues, auch architektonisches Betätigungsfeld erschloss sich sämtlichen Orden mit der Missionierung und Kolonisierung der „Neuen Welt" Lateinamerikas.

Von der Zeit des Barock bis heute

Im Klosterbau kam es bereits mit der architektonischen Detailfreude der Renaissance für Ornamentik und Zierelemente zu einer Abkehr von der schlichten und funktionalen Bauweise; vollends geschah dies im Barock: Sinnenfrohe Macht und Reichtum einer „triumphierenden Kirche" – als deren Repräsentanten sich die Klöster begriffen – drängte ab dem 17. Jahrhundert zu pompöser Selbstdarstellung: Fast alle Klöster der Frühzeit wurden barock überbaut oder durch barocke Anlagen mit gewaltigen Klosterkirchen und Bibliotheken mit riesigen Gemälden und Deckenmalereien ersetzt.

Das 19. Jahrhundert brach auch in der Klosterarchitektur mit dem Prunk des Barock, und die Bauten wurden wieder schlichter; zugleich erhielten sie einen romantisierenden Zug: Neo-Romanik und Neo-Gotik beschworen – und zitierten in ihren Stilelementen – die große Zeit der Klöster im Mittelalter. Die Klosterbauten des 20. Jahrhunderts nahmen demgegenüber vielfältige Strömungen auf: Neben eher konventionellen Bauten sowie Umnutzungen bereits vorhandener Gebäude finden sich moderne Neubauten, die Funktion, Kontemplation und Ästhetik miteinander verbinden.

Klöster der orthodoxen Kirchen

Das Erbe der Wüstenväter ging auch in die großen mönchischen Traditionen der orthodoxen Kirchen ein; hier übernahmen besonders die Klöster der syrischen, ägyptisch-koptischen und äthiopischen Kirche in Organisation und Bauformen viele Elemente der Frühzeit. Die griechisch-orthodoxen Klöster erlebten seit dem 6. Jahrhundert ihren Aufstieg mit dem Kaiserreich von Byzanz, dessen geistige Stütze sie vielfach wurden. Große Klöstergemeinschaften entstanden in Griechenland mit den Meteóra-Klöstern und der Mönchsrepublik Athos, aber auch in den Balkanländern – so in Bulgarien, Serbien und Rumänien.

Mit der Eroberung Konstantinopels durch die Osmanen 1453 ging die Führung der Ostkirche endgültig an

Russland über. Die Zaren förderten die Klöster Russlands und der Ukraine, die zu wehrhaft ummauerten Großsiedlungen heranwuchsen: mit umfangreichen Gebäudekomplexen, zahlreichen prachtvoll ausgekleideten Klosterkathedralen sowie Tausenden von Leibeigenen in Hunderten von umliegenden Dörfern. Genau wie die byzantinische war die russisch-orthodoxe Kirche lange Zeit eine Staatskirche, und wie im Westen wurden viele der bedeutenden Klosteranlagen ab dem 17. Jahrhundert im Stil des russischen Barock überbaut.

Klöster im Hinduismus, Buddhismus, Janinismus, Daoismus und Islam

Klöster und Formen des Mönchtums als Ausdruck eines zeitweiligen oder lebenslangen Rückzuges aus den Geschäftigkeiten des Alltags zugunsten von Gebet, Kontemplation, Studium und sozialkaritativen Diensten existieren jedoch nicht nur im Christentum: Im Hinduismus sind Klöster, Mathas, bis heute Wirkungsorte der Brahmanen (Priesterkaste) und einzelner Schulen von Verehrern der Götter Vishnu und Shiva, während Ashrams klosterähnliche Meditationszentren darstellen. Der Buddhismus und der Jainismus waren in ihrer Frühzeit (ab dem 5. Jahrhundert v. Chr.) überwiegend mönchisch geprägt; sie brachten gewaltige Klosteranlagen mit einer Vielzahl von Tempeln hervor. Eine Sonderstellung im Buddhismus nimmt Tibet als „Land der Klöster" ein; doch auch die Wats in Südostasien und die Zen-Bauten in Japan besitzen bedeutende Klostertraditionen. Der Daoismus in China errichtete gleichfalls markante Klosteranlagen – aufgrund seiner Naturverbundenheit oftmals auf hohen Bergen. Und auch der Islam kennt Formen klösterlichen Lebens: die Ribats wehrhafter Kriegermönche in den Grenzregionen der muslimischen Welt und die Tekken, Anlagen der mystischen Sufi-Orden.

Das Innere der Tempelhalle im buddhistischen (tibetisch-lamaistischen) ***Kloster Tamang*** *im Nordosten Indiens (Bundesstaat Arunachal Pradesh).*

Klöster im westlichen Christentum

Vorhergehende Doppelseite: Kreuzgang des Hieronymus-Klosters ***Mosteiro dos Jerónimos in Belém/Lissabon****, ein Juwel des originellen Manuelinischen Stils in Portugal.*

Kapitell in Form eines menschlichen Gesichts in der Krypta des ***Eifelklosters Maria Laach****, eines der bedeutendsten deutschen Benediktinerklöster.*

Erste Klöster des Abendlandes

Benedikt von Nursia (480–547) gründete 529 auf einem über 500 Meter hohen felsigen Hügel Monte Cassino (Italien) als erstes Benediktinerkloster des Abendlandes. Das Stammkloster wurde mehrfach zerstört: 577 von den Langobarden (717 wieder aufgebaut), 883 von den Sarazenen, 1349 durch ein Erdbeben, 1799 von den Truppen Napoleons (schwer beschädigt) und zuletzt im Februar 1944 durch die Bombardierung der Alliierten.

Bedeutend sind vor allem die Kreuzgänge der weitläufigen Anlage: Der vom Eingang aus erste entstand an der Stelle der von Benedikt errichteten Martins-Kapelle, ein weiterer von 1512 wahrscheinlich durch den Renaissancekünstler Donato Bramante; er führt auf einen Brunnenhof mit achteckiger Zisterne. Über eine Treppe gelangt man zum Kreuzgang mit Statuen der Wohltäter des Klosters. Die 1071 geweihte, mit byzantinischen Mosaiken ausgekleidete Abteikirche wurde im 17. und 18. Jahrhundert ebenso wie andere Teile der Anlage barock überbaut; 1944 wurde sie mit ihren Fresken und Gemälden vollständig vernichtet, jedoch nach dem Krieg im alten Stil wieder erbaut.

Ausstattung und Tagesablauf der Mönche (nach Benedikt von Nursia)

Kleidung und Besitz:
2 Tuniken: Unterkleider mit kurzen Ärmeln, aus Wolle oder Leinen, auch als Nachtgewand
2 Kukullen: Oberkleider (Mäntel) mit Kapuze und langen Ärmeln
1 Skapulier: Überwurf über der Tunika, bestehend aus zwei Tüchern, die auf Brust und Rücken tief herbhängen
1 Bracile: Gürtel aus Tuch oder Leder
2 Paar Schuhe: Sandalen (manchmal nur Fußlappen) für den Sommer, Holzschuhe für den Winter
Bettzeug, Messer, Nadel, Taschentuch, Griffel und Schreibtafel

Tägliche Gebete:
1.00 Uhr: Vigilien oder Nocturnen: Psalmen, Lektionen, Kantika und Hymnus „Te Deum laudamus", unterbrochen durch Wechselgesänge
Zwischen 2.00 und 5.00 Uhr (je nach Jahreszeit): Laudes oder Matutin: 66. und 50. Psalm, 2 variable Psalmen und 148.–150. Psalm
5.00 / 6.00 Uhr: Prim: Hymnus und Psalmen
9.00 Uhr: Terz: Hymnus und Psalmen
12.00 Uhr: Sext: Hymnus und Psalmen
15.00 Uhr: Non: Hymnus und Psalmen
17.00 / 18.00 Uhr: Vesper: Hymnus und Psalmen
Zwischen 18.00 und 21.00 Uhr: Komplet: Hymnus und Psalmen
Arbeitszeiten der Mönche:
8 Stunden im Sommer, 6–7 Stunden im Winter

Oben links: Das ***Kloster Monte Cassino*** *war eine der ersten und angesehensten Bildungsstätten des Mittelalters und entfaltete im 11. Jahrhundert seine höchste wissenschaftliche Blüte; zwei seiner Äbte bestiegen in diesem Jahrhundert den päpstlichen Thron.*

Oben rechts: Die Krypta in ***Monte Cassino*** *ist der einzige Teil der Klosteranlage, der 1944 der Zerstörung entging. Hier ruhen die Gebeine des Ordensgründers Benedikt von Nursia, der 547 hier starb.*

Der weitläufige Innenhof des Klosters, in dem während seiner Blütezeit stets über 200 Mönche lebten.

*Blick in das um 1030 fertiggestellte Langhaus der **Stiftsbasilika St. Peter und Paul** von **Romainmôtier** nach Westen; die Rundpfeiler tragen Würfelkapitelle.*

Romainmôtier

Romainmôtier, das älteste Kloster der Schweiz, wurde um 450 von dem französischen Mönch St. Romain (Romanus von Condat) gegründet und nach seiner Zerstörung durch die Alemannen 632 neu erbaut. Hier lebten die Mönche zunächst nach der Columbanregel (siehe unten), wurden aber 753 vom Papst der Benediktinerregel und 928/29 als Priorat der Reformabtei Cluny unterstellt.

Die 990–1030 erbaute Stiftsbasilika zählt zu den ältesten romanischen Bauwerken der Schweiz und besitzt auf kreuzförmigem Grundriss ein dreischiffiges Langhaus mit Querschiff und Vierungsturm, der im 15. Jahrhundert eine Nadelhaube erhielt; die Apsiden wurden im 14./15. Jahrhundert durch gotische Kapellen ersetzt. Im Innern der Basilika befinden sich bedeutende Grabmäler und ein durch Schnitzereien reich verziertes Chorgestühl. In der Reformationszeit wurde das Kloster aufgehoben (1536) und seine Gebäude teilweise abgerissen.

Der neben Benedikt von Nursia bedeutendste Klostergründer des frühen Abendlandes war der irische Mönch Columban von Luxeuil (540–615), der 590 das Kloster Luxeuil in Burgund gründete und eine eigene Mönchsregel verfasste, die strenger und stärker auf Buße und Askese angelegt war als die Benedikts. Als harscher Moralprediger geriet er mit den gewalttätigen Merowingerkönigen in Konflikt und wurde 610 aus Burgund nach Italien vertrieben. Hier gründete er 612 das Klos-

Eine Außenansicht des ***Klosterkomplexes von Romainmôtier*** *zeigt die Stiftsbasilika mit ihrem charakteristischen Nadelhelm.*

Unten: Die Ruinen des ***Klosters Jumièges****, lange ein Zentrum des mönchischen Geisteslebens im Westfrankenreich; hierher wurde 788 der abgesetzte letzte Bayernherzog Tassilo III. von Karl dem Großen verbannt.*

ter San Colombano in Bobbio/Piacenza, in dem er drei Jahre später starb.

Zu den bedeutendsten Abteien des Merowingerreiches zählte die von St. Philibert (einem Adeligen, der dem Hofleben entsagt hatte) 645 gegründete Abtei Jumièges. 841 von den Wikingern niedergebrannt, wurde sie von Benediktinern neu besiedelt. Mitte des 11. Jahrhunderts wurde die Klosterkirche mit einer Doppelturmfassade, einem quadratischem Vierungsturm sowie Arkadenbögen und Kreuzgratgewölbe errichtet und war stilbildend für die Romanik in der Normandie. In Jumièges, das 1562 in den Religionskriegen verwüstet wurde, entstanden bedeutende Chroniken und Übersetzungen philosophischer Werke der Antike.

Iro-schottische Klöster

Rechte Seite: Die Ruinen des ***Klosters Lindisfarne****, in dem auch das berühmte „Book of Lindisfarne" (Lindisfarne Gospels) als Zeugnis keltischer Buchkunst entstand. Das 875 verlassene Kloster wurde 1082 von Benediktinern neu besiedelt, jedoch 1539 von der englischen Krone endgültig aufgelöst.*

Die autonom verwalteten und eigenen Mönchsregeln folgenden frühen Klöster Englands und Irlands, die oft zugleich Bischofssitze waren, wurden ab etwa 500 zu Zentren einer keltisch geprägten Christianisierung. Ihre Förderung durch die englischen und irischen Teilkönige ließ die Klostergelände zu größeren Siedlungen mit Stein- und Holzbauten anwachsen, in denen auch Handwerker lebten. In den Schreibschulen der Klöster entstanden die Schätze der keltischen Buchkunst, während sie selbst oft zum Hort keltischer Selbstbehauptung wurden.

635 gründete der heilige Aidan von der schottischen Insel Iona aus das Kloster Lindisfarne auf einer vorgelagerten Insel in Northumbria; ihm folgten als Äbte die Heiligen Cuthbert und Eadfrith. Durch die Verehrung dieser Heiligen wurde Lindisfarne zu einem bedeutenden Wallfahrtszentrum. Fortgesetzte Wikingerüberfälle zwangen die Mönche 875 jedoch zur Flucht mit den Reliquien der Heiligen und zur Aufgabe des Klosters; der Bischofssitz wurde nach Durham verlegt.

Irische Mönche als Missionare Europas

Die Kirche in England und Irland war durch iro-schottische Mönche geprägt und behauptete ihre keltische Eigenständigkeit mit einer nur geringen Kirchenhierarchie, selbstständigen Bischöfen und Äbten sowie eigenen Riten der Weihe, Taufe, Mönchstonsur und einem eigenen Ostertermin. Die Mönche lebten oft in bienenkorbartigen Steinhäuschen, etwa auf den Inseln Iona und Skellig Michael.

Eine Besonderheit waren irische Wanderbischöfe, die die heidnischen Völker des Kontinents missionierten, so Columban von Luxeuil im Merowingerreich, der seinen Klostergründungen eigene Regeln gab. Ein weiterer war der Frankenapostel Kilian, der 689 mit seinen Begleitern Kolonat und Totnan in Würzburg ermordet wurde. Den zunehmenden Konflikt mit der päpstlichen Zentralgewalt entschied im 8. Jahrhundert Winfried-Bonifatius aus Wessex; er unterwarf mit Unterstützung der Karolingerherrscher die Klöster des Frankenreiches der Kontrolle Roms und des Benediktinerordens.

In der Frühzeit des keltischen Christentums verbanden Mönche, die in nebeneinanderliegenden bienenkorbartigen Steinhäuschen um eine zentrale Kapelle lebten – wie hier auf der unzugänglichen irischen Insel ***Skellig Michael*** *– ein asketisches Eremitentum mit Formen des Gemeinschaftslebens.*

Oben: Die mit einer Steinmauer eingefasste „Anchorite Chapel" des ***Klosters Fore*** *umschließt eine Mönchszelle, in der bis 1616 Irlands letzter Eremit Patrick Beglan lebte.*

Die St. Kevin geweihte, massiv wirkende steinerne Kapelle des ***Klosters Glendalough*** *aus dem 11. Jahrhundert wird wegen ihres kaminartigen Turmaufsatzes „St. Kevin's Kitchen" genannt.*

In Irland wurde 545 das Kloster Clonmacnoise am Fluss Thannon (County Offaly) von dem irischen Mönch und Wanderbischof St. Ciarán von den Aran-Inseln aus gegründet und eine erste Klosterkirche errichtet. Seine günstige Lage an Handelswegen sowie Schenkungen ließen im Klosterkomplex immer neue Kirchen und Gebäude entstehen.

In Clonmacnoise haben sich die Besonderheiten früher irischer Klöster bis heute erhalten: ein wehrhafter steinerner Rundturm (in den bei Gefahr Reliquien und Klosterschätze in Sicherheit gebracht werden konnten, 1124 fertiggestellt) sowie Hochkreuze mit Sonnenscheiben als Symbole des keltischen Christentums; das älteste von vieren entstand um 800.

Ein weiteres bedeutendes Klosterzentrum war das im 6. Jahrhundert als Einsiedelei durch den heiligen Kevin gegründete Glendalough. Auch hier haben sich ein (um 1066 erbauter) Rundturm und ein Hochkreuz (St. Kevin's Cross) erhalten, ebenso eine frühe Kapelle (St. Kevin's Kitchen).

Das Kloster Fore in der Seenlandschaft des County Westmeath wurde 630 von St. Feichin gegründet; 665 leb-

ten hier bereits 300 Mönche. Die Klosteranlage wurde stetig erweitert, etwa um zwei – als Ruinen erhaltene – Rundtürme; auch wurden in Fore und Umgebung insgesamt 18 Hochkreuze errichtet. Um 1200 wurde in unmittelbarer Nähe der alten Anlage ein Benediktinerpriorat errichtet.

Auf der schwer zugänglichen Felseninsel Skellig Michael vor Irlands Südwestküste lebten die Mönche des 588 errichteten Klosters um die kleine Kapelle St. Michael – in sechs Steinhäuschen mit Mönchsgärten.

Mit dem Überfall auf Lindisfarne begann 793 die Heimsuchung der iro-schottischen Klöster durch brandschatzende und plündernde Wikinger, denen in Irland nach 1066 die in England gelandeten Normannen folgten. Fore Abbey etwa wurde bis 1169 insgesamt zwölf Mal niedergebrannt; auch Clonmacnoise wurde mehrfach verwüstet und Skellig Michael 823 überfallen. Die meisten Klöster wurden 1539 von der englischen Krone aufgelöst, die irischen noch im 17. Jahrhundert als geistige Zentren eines widerständigen Nationalbewusstseins von den Truppen Oliver Cromwells verwüstet.

*Oben: Das weitläufige **Klosterareal von Clonmacnoise** zeigt einen Rundturm, wie er für viele irische Klöster charakteristisch ist, sowie steinerne Grabkreuze mit dem Sonnenrad, einem Symbol des Christentums.*

*Die Ruinen des irischen **Klosters Clonmacnoise**, umgeben von stehenden steinernen Grabplatten; der Niedergang des Klosters begann nach Normannenüberfällen um 1200. Im 17. Jahrhundert wurde es von englischen Truppen vollständig verwüstet.*

Benediktinerklöster im Frankenreich

*Das Stift **St. Peter in Salzburg**; die Klosterkirche wurde ab 1605 im Renaissancestil umgestaltet, die gesamte Anlage ab 1756 barock ausgebaut und um mehrere Kapellen ergänzt. Im Hintergrund ist rechts der Salzburger Dom zu sehen.*

Mit der Taufe des Frankenkönigs Chlodwig I. (reg. 482–511) im Jahre 498 begannen er und seine Nachfolger, Klostergründungen als Zentren der Christianisierung und Stätten der Bildung zu fördern. Die ersten, meist von iro-schottischen Mönchen gegründeten Klöster folgten einer Mischform aus der Arbeitsregel Benedikts von Nursia (Ora et labora: Bete und arbeite) und der strengeren Regel des Columban von Luxeuil. Im Bruderkampf der über Teilreiche herrschenden Merowingerkönige erstritten sie sich Privilegien und Unabhängigkeit. Von allen Klöstern des Frankenreiches gingen gewaltige Leistungen der Urbarmachung durch Landwirtschaft und Fischzucht aus; durch Schenkungen und Landerwerb verwalteten sie bald riesige Areale mit abhängigen Bauerndörfern.

Das Stift St. Peter in Salzburg – das älteste bis heute bestehende Kloster im deutschsprachigen Raum – wurde 696 vom heiligen Rupert, dem ersten Bischof von Salzburg gegründet, und rund 300 Jahre war der Salzburger (Erz-) Bischof auch Abt von St. Peter. Rupert ließ bereits die erste

Klosterkirche errichten, die im 12. Jahrhundert durch den heutigen Bau ersetzt wurde; der mächtige Kirchturm wurde um 1400 erhöht.

Im französischen Teil des Frankenreiches erlangte die Abtei Saint Germain d´Auxerre besondere Bedeutung; sie war nach 418 vom heiligen Bischof Germanus von Auxerre gegründet worden. Eine einfache Kapelle barg die Reliquien des hoch verehrten Märtyrers Mauritius (gest. um 290) und seiner Gefährten von der Thebäischen Legion; 448 wurde hier auch St. Germanus beigesetzt.

Chlodwigs Gemahlin Chrodechild ließ die Kapelle nach 511 zur Basilika ausbauen; das Kloster erfreute sich des besonderen Schutzes der Frankenherrscher. Heilungswunder an den Heiligengräbern machten den Ort zu einem Wallfahrtszentrum und führten im 9. Jahrhundert zum Neubau einer Basilika mit über 100 Metern Länge. Im 11. und 12. Jahrhundert wurde die Anlage umfassend renoviert und mit einer romanischen Doppelturmfassade versehen, von der nur noch der Südturm steht. Der gotische Neubau aus dem 13./14. Jahrhundert blieb unvollendet.

Romanische Deckenfresken mit figürlichen Darstellungen aus dem 12. Jahrhundert schmücken die Krypta von ***St. Germain d'Auxerre*** *(Burgund). Die Klosterkirche thront hoch über dem Fluss Yvonne.*

Unten: Der Eingangsbereich zu den Katakomben von ***St. Peter in Salzburg****, dem ältesten Teil des Stiftes; im Innern der bereits in der Spätantike angelegten Katakomben wurden später Kapellen errichtet, und auch über dem Eingangsbereich wurde eine Kapelle erbaut.*

Linke Seite: Die 820–822 als Totenkapelle des Klosters erbaute vorromanische Kirche ***St. Michael in Fulda*** *ist die älteste Grabeskirche Deutschlands. Der Zentralbau ist eine Rotunde über einer Krypta – mit acht seitlichen (als Symbol der Auferstehung) und einer Mittelsäule.*

Die Reichsabteien der Karolinger

Als der aus Wessex stammende „Apostel der Deutschen" Bonifatius (672/73–754/55) zusammen mit dem Karolingerherrscher Pippin dem Jüngeren (reg. 741–768) – er hatte 754 die Merowinger entthront – dem Frankenreich eine straffe, einheitliche und romtreue Kirchenstruktur gab, galt es, nun auch die großen Klöster zu kontrollieren und endgültig der Benediktinerregel zu unterwerfen.

Zu den wichtigsten Klosterzentren karolingischer Kultur wurden die Abteien Sankt Gallen, Fulda und Reichenau. Das Kloster Sankt Gallen in der Schweiz war 719 vom heiligen Otmar an dem Ort gegründet worden, wo sich 612 der Mönch und Namensgeber St. Gallus als Einsiedler niedergelassen hatte. Bald wohlhabend und unabhängig, gelang es den Karolingern erst 818, das Kloster unter ihre Kontrolle zu bringen. Durch alle Konflikte mit Herrschern, Städten und Schweizer Eidgenossen konnte sich das mächtige Kloster als absolutistisch regierter Klosterstaat mit Fürstabt und eigener Gerichtsbarkeit bis 1798 behaupten; 1805 wurde das Kloster aufgehoben.

744 wies der Deutschen-Apostel Bonifatius seinen Begleiter St. Sturmius an, das Kloster Fulda zu gründen. Sturmius, der eigens in Monte Cassino die Benediktinerregel erlernt hatte, erreichte als Fuldas erster Abt von Mainz die Herausgabe der Gebeine des 754 ermordeten Bonifatius, wodurch Fulda zu einem der bedeutendsten Wallfahrtszentren nördlich der Alpen wurde.

Der Sankt Gallener Klosterplan

Um 830 entstand im Skriptorium des Klosters Reichenau ein bis ins 13. Jahrhundert einzigartiger Klosterplan, der Abt Gozbert von St. Gallen (reg. 816–837) gewidmet ist; er zeigt ein ideales Benediktinerkloster als Kosmos der Eigenversorgung – mit Kirchen, Häusern, Ställen, Küchen, Werkstätten, Gärten, Brauereien und Krankenstationen. Insgesamt 333 Inschriften (Tituli) erläutern die Funktionen der einzelnen Gebäude.

Bis heute ist umstritten, wieweit der Plan die tatsächlichen Verhältnisse oder nur ihre Idealform wiedergibt oder ob er als detaillierte Bauanleitung für einen vorbildlichen Klosterkosmos gedacht war.

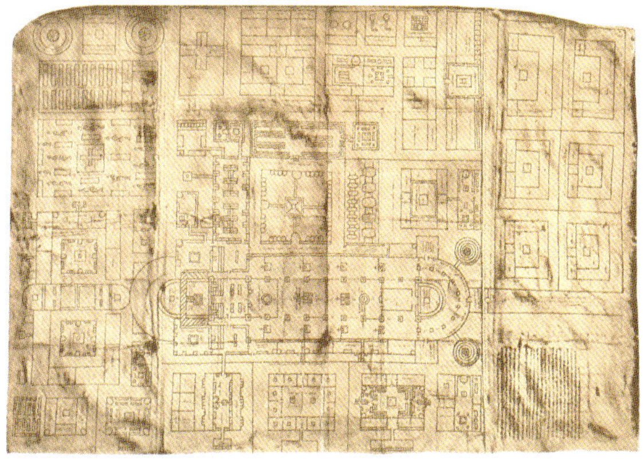

Oben: Der Sankt Gallener Klosterplan zeigt ein Idealkloster der Benediktiner und wird heute in der Stiftsbibliothek von St. Gallen/Schweiz aufbewahrt.

Die mächtige ***Klosteranlage von St. Gallen*** *mit Kirche und Stiftsbibliothek wurde ab 1755 im Barockstil neu errichtet, als das Kloster seine letzte Hochblüte erlebte.*

Rechte Seite: Die Klosterkirche St. Salvator – heute der ***Dom von Fulda*** *– wurde 1704–1712 in barockem Stil an Stelle der abgerissenen Ratgar-Basilika erbaut; auch sie ist ein Abbild des Petersdoms in Rom.*

Rechts: Die ab 791 erbaute, nach ihrem Gestalter Abt Ratgar (reg. 802–817) benannte ***Ratgar-Basilika*** *war die größte ihrer Art nördlich der Alpen; mit ihr demonstrierte Fulda seinen klösterlichen Führungsanspruch. Der Bau der 1700 abgerissenen Klosterbasilika verschlang so viel Geld, dass Abt Ratgar 817 nach einer Rebellion der Fuldaer Mönche abgesetzt wurde (Grafik nach einem Modell der Ratgar-Basilika).*

Bis in die Neuzeit erkämpfte Fulda im Dauerkonflikt mit dem Erzbischof von Mainz, der 769 die ebenfalls bedeutende Abtei Hersfeld als „Trutz-Fulda" gründete, seine überragende unabhängige Stellung. Mitte des 9. Jahrhunderts lebten hier bereits über 600 Mönche und die 791–819 als Klosterkirche erbaute Ratgar-Basilika, eine doppelchörige Anlage mit Westquerhaus als Abbild des Petersdomes in Rom, war die größte Basilika nördlich der Alpen. 968 wurde der Abt von Fulda Abtprimas aller deutschen Benediktiner. Seit 1752 eigenes Fürstbistum, wurden Kloster und Fürstentum Fulda 1803 aufgehoben.

Die Abtei Reichenau auf der Bodenseeinsel wurde 724 durch St. Pirminius zur Missionierung der heidnischen Alemannen gegründet. Reichenau wurde neben Fulda zum berühmtesten Wissenschaftszentrum und erlangte den Höhepunkt seiner Macht unter Abt Hatto III. (reg. 888–913), der auch Erzbischof von Mainz und Reichskanzler war. 896 erhielt Hatto vom Papst eine Reliquie des heiligen Georg und ließ die Klosterbasilika St. Georg erbauen. Ab 1200 erfolgte der Niedergang des Klosters, das 1803 aufgehoben wurde.

Klöster als Zentren der karolingischen Renaissance

Neben der Hofkapelle wurden die Klöster zu Stätten umfassender Bildung in Dichtung sowie Bau- und Buchkunst. In der Architektur orientierte sich nicht nur die Aachener Pfalzkapelle Karls des Großen an den Prachtbauten von Rom, Konstantinopel und Ravenna. Auch die Bauwerke der Klöster sollten repräsentieren und, wie bereits der St. Gallener Klosterplan zeigt, ideale Maße und Proportionen anstreben. Einen bedeutenden Aufschwung nahmen die klösterlichen Schreibschulen, etwa die in St. Gallen, wo der Mönch Notker Labeo im 10. Jahrhundert erstmals Regeln für die deutsche Sprache festlegte.

Abt Hrabanus Maurus (reg. 822–842) machte als Verfasser einer 22-bändigen Universal-Naturgeschichte und bedeutendster Gelehrter seiner Zeit das Kloster Fulda zu einem Zentrum der Wissenschaft. Walahfrid Strabo, Abt von Reichenau (reg. 839–849), war der wohl berühmteste Dichter seiner Zeit und verfasste ein Buch über die Gartenkunst; in Reichenau schrieb auch der Mönch Hermann der Lahme (1013–1054) – auf den, so wird angenommen, die Einteilung der Stunde in Minuten zurückgeht – im 11. Jahrhundert seine Weltchronik.

Unten: Nach Erhalt der Georgsreliquie begann Abt Hatto III. um 900 mit dem Bau der dreischiffigen ***Klosterbasilika St. Georg in Reichenau-Oberzell****, die später erweitert wurde.*

Die massiv und wehrburgartig wirkende karolingische Torhalle des ***Klosters Frauenchiemsee*** *entstand Mitte des 9. Jahrhunderts, wohl unter der Äbtissin Irmgard, der Schutzpatronin des Chiemgaus. Im Erdgeschoss befand sich eine kleine Kapelle.*

Weitere bedeutende Klöster im Frankenreich

Als Zentrum der Buchmalerei war auch das 739 am Grab des 652 ermordeten Missionars und Wanderbischofs Emmeram gegründete Kloster St. Emmeram in Regensburg bedeutend; seine Äbte waren zunächst auch Bischöfe von Regensburg, unter denen der Bistumspatron und Klosterreformer St. Wolfgang (reg. 972–994) hervorragt. Die romanische Klosterbasilika mit Westhaus und drei Chören wurde seit dem 8. Jahrhundert beständig erweitert.

Parallel zum Mönchskloster Herrenchiemsee gründete der Bayernherzog Tassilo III. 782 das Nonnenkloster Frauenwörth (Frauenchiemsee). Es erlangte Bedeutung, als König Ludwig der Deutsche 857 seine Tochter Irmgard als Äbtissin einsetzte; aus dieser Zeit stammt die karolingische Torhalle. Die Klosterkirche aus dem 11. Jahrhundert wurde ab 1688 barock überbaut. Sowohl im Chorraum der Torhalle als auch in der Klosterkirche wurden im 20. Jahrhundert romanische Fresken freigelegt.

Das bedeutendste Kloster für die Missionierung Norddeutschlands und Skandinaviens war die westfälische Abtei Corvey, die 815 bzw. 822 durch Kaiser Ludwig den Frommen mit Mönchen aus dem französischen Corbie (Corvey: „neues Corbie“) gegründet wurde. Mit ihnen kam auch der heilige Ansgar (801–865), der als Schwedenmissionar und erster Erzbischof von Hamburg und Bremen zum „Apostel des Nordens“ wurde.

830 begann der Bau der dreischiffigen Klosterbasilika, die 873–85 das älteste erhaltene Westwerk als Fassade mit zwei Türmen erhielt; es ist mit Fresken zu Homers „Odyssee“ ausgekleidet. Der Mönch Widukind von Corvey verfasste hier im 10. Jahrhundert seine Geschichte der Sachsen. Das durch Landbesitz bald 12 000 Einwohner beherbergende Hochstift besaß eine der bedeutendsten Bibliotheken der damaligen Welt, die im Dreißigjährigen Krieg wie das Kloster Opfer der Flammen wurde. Das im Barockstil neu erbaute Kloster verfiel im 18. Jahrhundert und wurde 1792 in ein eigenes Bistum unter Leitung des Fürstabtes verwandelt, aber bereits 1803 aufgehoben.

Oben: Das fürstbischöfliche Schloss entstand an Stelle des zerstörten Klosters; rechts im Bild ist das im 9. Jahrhundert erbaute Westwerk der alten ***Klosterkirche in Corvey*** *zu sehen.*

Rechts: Ein Blick auf die 1250 errichtete Portalwand der Vorhalle und den 1575 erbauten freistehenden Glockenturm von ***St. Emmeram in Regensburg****, das 1731–1733 durch die Gebrüder Asam im Barockstil neu ausgestaltet wurde.*

Die großen Reformklöster

Die Lockerung der Klosterzucht, aber auch der sich anbahnende Machtkampf zwischen Kaiser und Papst führten im 10./11. Jahrhundert zu mehreren Reformbewegungen, die von Klöstern ausgingen. Ein wichtiges Zentrum war das 749 von Bischof Chrodegang von Metz (um 715–766) gestiftete Kloster Gorze in Lothringen; Chrodegang, ein führender Kirchenreformer des Frankenreiches, gründete 764 auch das Kloster Lorsch.

Ab 930 wurde Gorze zum Zentrum der Gorzer Reform, der sich etwa 200 Reichsklöster anschlossen, darunter St. Gallen, Fulda, Corvey und St. Emmeram in Regensburg; zum führenden deutschen Kloster unter ihnen wurde jedoch Lorsch. Die Gorzer Reform plädierte für eine verstärkte Klosterzucht, aber auch für Unabhängigkeit der Reichsklöster vom Papst, die sich eng an ihren Landesherrn bzw. den Kaiser anschlossen, die Verbindung zu ihren weltlichen Stiftern pflegten und sich zu einem auch weltlichen Bildungsauftrag für die Verwaltungselite des Reiches bekannten.

Selbstbewusstsein als wehrhafte „Gottesburg" demonstriert auch das 993 von Bischof Bernward in Hildesheim (reg. 993–1022) errichtete und 1010 den Benediktinern übergebene Kloster St. Michael allein durch seine Bauweise. Der politisch einflussreiche, später heilig gesprochene Bischof war den deutschen Kaisern aus dem Haus der Ottonen (reg. 919–1024) eng verbunden.

Eine der Gorzer Reform diametral entgegengesetzte Reformrichtung vertrat die 765 errichtete Abtei Hirsau unter ihrem Abt Wilhelm (reg. 1069–1091). Der gelehrte Naturforscher setzte eine strenge Klosterzucht mit drakonischen Strafen und Gehorsamsforderungen durch und kämpfte für die Unabhängigkeit der Klöster von ihren weltlichen Landesherrn. Wilhelm erreichte den Anschluss fast aller Klöster Südwestdeutschlands an seine Reform; diese propagierte die Ideen von Cluny, dessen Regeln er übernahm. Als Streiter für die Freiheit der Kirche von weltlicher Einmischung trat er im Investiturstreit (ab 1076) demonstrativ auf die Seite des Papstes gegen den Kaiser.

1059 erfolgte der Neubau des ***Hirsauer Hauptklosters St. Peter und Paul*** *und 1083–1092 der Abteikirche als dreischiffige Säulenbasilika mit Querhaus im romanischen Stil, die 1120 zwei Westtürme erhielt. Das Kloster wurde 1555 aufgehoben.*

Rechts: Ottonische Architektur zeigt die doppelchörige ***Klosterbasilika St. Michael in Hildesheim*** *– mit zwei Querhäusern und quadratischen Türmen. In diesem ganzheitlich komponierten Bau strukturiert die zentrale Vierung Mittelschiff und Querhaus, wodurch sich West- und Ostflügel genau entsprechen.*

Linke Seite: Die als „Königshalle" bezeichnete Torhalle im ***Kloster Lorsch*** *ist eines der am besten erhaltenen karolingischen Bauwerke. Das Erdgeschoss bildet eine offene Halle mit drei gleich hohen Rundbögen.*

Eine berühmte Miniatur aus dem Investiturstreit zeigt links Abt Hugo von Cluny, wie er für sein Patenkind, den demütig knienden Kaiser Heinrich IV., bei der auf Seiten des Papstes stehenden Markgräfin Mathilde von Tuszien vermittelt.

Äbte gestalten Europapolitik

Cluny galt bald als „Licht der Welt" und wurde zum Mittelpunkt einer aufrichtigen, asketischen Frömmigkeitsbewegung, die vom 10. bis ins 12. Jahrhundert Pilger und Wohltäter aus allen Schichten des Volkes anzog. Die ersten fünf Äbte waren starke Persönlichkeiten und vermittelten auch in politischen Konflikten.

Seinen Höhepunkt erlebte Cluny während der über 100-jährigen Führung durch die heiligen Äbte Odilo (reg. 994–1048), der das Allerseelenfest der Kirche einführte, und Hugo (reg. 1049–1109), unter dem Cluny 200 Filiationen (Tochterklöster) hatte. Odilo propagierte die Idee des Gottesfriedens: das Verbot aller Kampfhandlungen an bestimmten Orten zu festgelegten Zeiten. Hugo vermittelte mehrfach im Investiturstreit (1076–1122) zwischen Papst Gregor VII. und Kaiser Heinrich IV., auch beim Bußgang des Kaisers nach Canossa (1077). Der letzte bedeutende Abt Clunys war der Gelehrte Petrus Venerabilis (reg. 1122–1156), der 1143 die erste lateinische Übersetzung des Korans in Auftrag gab.

Die noch erhaltene Klosterkirche der mächtigen ***Abtei Cluny****; der Baustil Clunys wurde prägend für die französischen und deutschen Reformklöster, doch sind nur wenige Klöster aus dieser Periode nicht überbaut worden.*

Unten: Der Altarraum der ***Klosterkirche Cluny*** *mit Säulen und Kapitellen; bauliches Kennzeichen der Klosterkirchen im Stile Clunys war ein dreischiffiger Chorraum mit Mittelschiff und doppelten Seitenschiffen.*

Das bedeutendste Reformkloster war die 910 von Herzog Wilhelm I. von Aquitanien gegründete Abtei Cluny, die unter päpstlichem Schutz durch freie Abtwahl sofort von weltlichen Mächten unabhängig wurde. Das Kloster befolgte eine strenge Fassung der Benediktregel, kämpfte gegen jede Verweltlichung des Klosterlebens und intensivierte im liturgischen Bereich das Chorgebet. In straffer Zucht kontrollierte Cluny bald zahlreiche Abteien und Priorate, in seiner Blütezeit etwa 1200 Klöster mit 20 000 Mönchen. Trotz asketischer Lebensführung betonte die gewaltige Klosteranlage die bauliche Pracht zu Ehren Gottes. Die ursprüngliche Abteikirche (baugeschichtlich als Cluny I bezeichnet) wurde 981 (Cluny II) und 1089–1095 (Cluny III) zu einem fünfschiffigen Langhaus von 187 Metern Länge mit zwei Querschiffen und einer Gewölbehöhe von 30,5 Metern erweitert und war bis zum Neubau des Petersdoms in Rom (ab 1506) das größte Gotteshaus der Christenheit. Das Kloster wurde nach 1789 aufgehoben und Teile der Anlage 1810 gesprengt.

Benediktinerklöster der Romanik und Gotik

*Rechte Seite: Das romanische Hauptschiff der **Klosterkirche von Vézelay**, die den Abriss der Klostergebäude 1796 überstand; 1185–1215 erhielt die Kirche einen frühgotischen Chor und das Querschiff. Die 1569 bei einem Bildersturm verloren gegangenen Magdalenenreliquien wurden 1870/76 durch neue ersetzt.*

Zu einem der bedeutendsten europäischen Wallfahrtszentren wurde das 858/59 von Graf Girard II. von Vienne gegründete Kloster Vézelay, das nach seiner Plünderung durch die Normannen 887 auf eine Anhöhe verlegt wurde. 1058 dem Reformzentrum Cluny unterstellt, erlangte es 1161 seine Selbstständigkeit zurück.

1120–1140 entstand das Hauptschiff der Klosterbasilika Sainte-Marie-Madeleine; bereits seit dem 9. Jahrhundert besaß das Kloster Reliquien der Maria Magdalena und wurde zum Zentrum des europäischen Magdalenenkultes – bezeugt sind zahlreiche Heilungswunder – für die Pilger auf dem Jakobsweg nach Santiago de Compostela. In der Kirche rief Bernhard von Clairvaux 1146 zum Zweiten Kreuzzug auf.

1140–1152 entstand die Vorkirche (Narthex) mit einem Tympanon (Schmuckfläche) über dem Hauptportal, das den thronenden Christus als Weltenrichter zeigt. Weltberühmt aber wurde die Kirche für ihre 99 Säulenkapitelle im Kirchenschiff, die lebendige Szenen aus dem Alten und Neuen Testament sowie moralisierende Szenen des Guten und Bösen darstellen. Sie wurden als Bildergeschichte der christlichen Botschaft zur Belehrung der Pilger gestaltet. 965/66 gründeten Benediktiner das Kloster Saint-Michel auf der Insel, wo der Legende nach der Erzengel Michael bereits 708 dem Bischof von Avranches den Bau einer Kirche befohlen hatte. Zwischen 1017 und 1520 entstanden die Bauten der gewaltigen, wehrhaft wirkenden Klosteranlage, 1023–1084 die erste romanische Abteikirche, die im 13. Jahrhundert gotisch überbaut wurde.

Das von den Königen Frankreichs und den Herzögen der Normandie reich ausgestattete Kloster wurde im 12. Jahrhundert zu einem bedeutenden Wallfahrtsort und mit seinem Skriptorium zu einem geistigen Zentrum der Normandie, jedoch im Hundertjährigen Krieg (1337–1453) von den Engländern teilweise zerstört und 1469 zum Sitz eines eigenen Ritterordens, des Ordre de Saint-Michel. Nach seinem Niedergang ab dem 16. Jahrhundert wurde das Kloster 1790 aufgegeben; seit 1969 lebt hier wieder eine kleine Benediktinergemeinschaft. Um die Abtei ranken zahlreiche Legenden, die sich zumeist auf den Heiligen Gral beziehen.

*Unten links: Das wie eine Burganlage auf dem Inselberg thronende **Kloster Mont Saint-Michel** wurde zum Schauplatz zahlreicher Legenden.*

*Unten rechts: Im 13. Jahrhundert ermöglichte König Philippe Auguste von Frankreich den Ausbau von **Saint-Michel** im gotischen Stil; dieses Gebäudeensemble wird „La Merveille" genannt.*

Klöster in Italien

Der Komplex des Frauenklosters von San Salvatore und Santa Giulia in Brescia wurde 753 vom letzten Langobardenkönig Desiderius und seiner Gemahlin Ansa auf römischen Ruinen errichtet; mit den Reliquien der heiligen Märtyrerin Julia (Giulia) ausgestattet, sollte er als königliche Grabstätte dienen. Auch die nachfolgenden Karolinger bedachten das Kloster reichlich und machten es zu einem Zentrum ihrer Politik in Oberitalien; mehrere Prinzessinnen aus der Linie Kaiser Lothars I. waren zwischen 851 und 896 hier Äbtissinnen.

Die Basilika San Salvatore erhielt 762/63 eine im 12. Jahrhundert erweiterte Krypta, um 1300 einen unten mit Fresken ausgekleideten Glockenturm und im 14. Jahrhundert eine Seitenkapelle. 1466 wurde die Fassade niedergerissen und stattdessen ein Nonnenchor als Eingangshalle erbaut, der heute zur Klosterkapelle Santa Giulia gehört. Dieser Chor wurde auf zwei Stockwerken prunkvoll mit Fresken verkleidet, die das Leben Jesu als Prozessionsweg von der Geburt bis zur Passion zeigen.

Im 12. Jahrhundert kam noch die Kirche Santa Maria in Solario als viereckige Gedächtniskapelle zum Kloster hinzu, über der ein achteckiges Kuppelgewölbe thront. Im Erdgeschoss werden zahlreiche kostbare Reliquien und Klosterschätze aufbewahrt, darunter das Kreuz des von Karl dem Großen 774 entthronten Langobardenkönigs Desiderius (der aus Brescia stammte), eine Goldschmiedearbeit aus dem 8. Jahrhundert. Das Obergeschoss diente der klösterlichen Liturgie und besitzt ein Kreuzgewölbe mit Sternendarstellung; die Wände wurden im 16. Jahrhundert mit Fresken ausgekleidet.

Das Kloster geriet ab dem 12. Jahrhundert in die Auseinandersetzungen des selbstbewussten lombardischen Städtebundes mit dem Kaiser, in denen Brescia eine führende Rolle spielte. 1512 wurden Stadt und Kloster von den Franzosen geplündert und nach 1600 die meisten Kirchen Brescias – auch Teile des Klosterkomplexes – barock überbaut. Der Klosterkomplex wurde 1798 aufgehoben und diente als Militärdepot, bis er ab 1882 als Museum wiederhergestellt wurde.

Linke Seite oben: Die Krypta von ***San Salvatore****, die als Grablege der Langobardenkönige dienen sollte; die antiken Säulen tragen teilweise Kapitelle mit pflanzlichen Motiven.*

Links: Der erste Hof des ***Klosterkomplexes in Brescia*** *zeigt rechts die große Klosterkirche Santa Giulia mit Glockenturm (Campanile), links die Basilika San Salvatore mit Seitenschiffen. Das Kloster war eines der bedeutendsten in Oberitalien.*

Rechts: Das Innere der dreischiffigen ***Basilika San Salvatore*** *mit Säulenarkaden, deren Schmuck nur noch teilweise erhalten ist; die Säulen und ein Teil der Kapitelle stammen noch aus römischer Zeit.*

Klöster in Deutschland

Der heutige Kaiserdom Königslutter wurde 1135 von Kaiser Lothar III. (von Supplinburg) als Benediktiner-Abteikirche St. Peter und Paul durch Umwandlung eines Kanonissenklosters gestiftet; als der Kaiser 1137 starb, wurde er in der noch unvollendeten Klosterkirche beigesetzt, die 1170 unter Herzog Heinrich dem Löwen fertiggestellt wurde.

1135–1150 entstand der Mönchschor als Ostteil der Kirche in der prunkvollen Tradition Clunys; 1150–1160 wurden der Westbau und das Langhaus eher schmucklos-asketisch ergänzt. Die beiden Westtürme kamen erst im 15. Jahrhundert hinzu.

Das Vorbild der oberitalienischen Dome für Königslutter zeigt sich besonders beim Löwenportal des nördlichen Seitenschiffs: Das Portal wird von zwei liegenden Löwen flankiert, die gewundene Säulen auf ihrem Rücken tragen. Ab 1150 entstand der Kreuzgang mit Ornamentsäulen und Kapitellen. Das von Lothar und seinen Nachfolgern mit Reliquien ausgestattete Kloster wurde zu einem bedeutenden Wallfahrtszentrum Norddeutschlands. 1570 wurde das Kloster im Zuge der Reformation aufgehoben.

Das einzige gut erhaltene Heilige Grab aus der Romanik findet sich in dem von irischen Benediktinern wohl 1148 gegründeten Schottenkloster in Eichstätt, dem ein Hospital (Leprosenhaus) angeschlossen war. 1166 veranlasste der Eichstätter Dompropst Walbrun von Rieshofen die Nachbildung des Heiligen Grabes Christi in Jerusalem – wie es Mitte des 12. Jahrhunderts gestaltet war – und übertrug seine Betreuung den Schottenmönchen. Walbrun war, so wird heute angenommen, Teilnehmer des Zweiten Kreuzzuges ins Heilige Land 1147 und hatte das Grab dort besucht. Um das Heilige Grab herum wurde die 1194 geweihte Kirche vom Heiligen Kreuz als ovale Grabkapelle mit Rundbogenfries errichtet; an der Südseite liegt ein viereckiger Vorbau mit drei Eingängen. Das seit 1460 leer stehende Schottenkloster wurde 1493 aufgehoben und die Betreuung der bereits baufälligen Grabkapelle später den 1623 nach Eichstätt geholten Kapuzinern übertragen. Heute befindet es sich in der östlichen Seitenkapelle der 1623–1626 erbauten Kapuzinerkirche.

*Rechts: Der heutige **Kaiserdom in Königslutter** war ursprünglich eine romanische Abteikirche mit Anklängen an den Kirchenbau Italiens. Das Kircheninnere wurde 1887–1894 in einem dem Mittelalter nachempfundenen Stil ausgemalt.*

*Rechte Seite: Das einzige gut erhaltene romanische Heilige Grab mit einer Höhe von 4,10 Metern liegt über einer dunklen Grabkammer in der **Heiligkreuzkapelle des Schottenklosters Eichstätt**. Im Vorraum findet sich ein steinerner Würfel, der sogenannte „Engelsstein".*

Rechts: Das Torhaus des ***Klosters Maria Laach****; Teile der Abteigebäude wurden bei einem Brand 1855 zerstört und anschließend wieder aufgebaut.*

Rechte Seite oben: Der Westbau des ***Klosters Maria Laach*** *erhielt 1220–1230 eine Nikolauskapelle mit dem „Paradies“ als Säulenvorhalle (Narthex), dessen Areal später als Garten gestaltet wurde.*

Die Gesamtanlage der ***Abtei Maria Laach*** *am Laacher See, eine der am reichsten ausgestatteten Abteien Deutschlands – mit eigener Landwirtschaft, Bioläden, touristischen Einrichtungen, Seehotel, Gärtnerei, Verlag und Handwerksbetrieben.*

Die der Gottesmutter Maria und St. Nikolaus geweihte Benediktinerabtei Maria Laach in der Eifel wurde 1093 vom Grafen Heinrich II. von Laach und seiner Gemahlin Adelheid gestiftet und 1138 selbstständige Abtei. Bereits 1093 wurden die Fundamente für Krypta und Langhaus der Klosterkirche (1156 fertiggestellt), Vierungsturm, West- und Ostwerk gelegt, wobei die Mönche gegen Hochwassereinbrüche den Laacher See mittels eines Kanals absenken mussten. Als gotischer Umbau wurde im Mittelschiff des Langhauses 1230–1250 eine Einwölbung mit Holzflachdecke eingezogen.

Die Bauten orientieren sich am St. Gallener Klosterplan, aber auch an den Kaiserdomen von Speyer, Mainz und Worms. Zwischen 1300 und 1450 erlebte Maria Laach seine geistige Blüte als Wissenschaftszentrum; die Mönche erforschten systematisch die Maare (Vulkane) der Eifel. Die im 17./18. Jahrhundert teilweise barock überbaute Abtei wurde 1802 aufgehoben und gelangte 1863 an den Jesuitenorden. Seit 1892 ist Maria Laach wieder von Benediktinern besiedelt.

Viele Klöster – wie hier Maria Laach – nutzen ihre Klostergärten heute als Gärtnereien. Der Erlös der gezüchteten Pflanzen trägt zum Unterhalt des Klosters bei.

Der Klostergarten

Der Klostergarten diente zunächst als Nutzgarten für Gemüse, Obst und Kräuter der Selbstversorgung des Klosters; diesem Ideal der Nutzbarmachung und Rodung der Natur fühlten sich vor allem die Benediktiner und Zisterzienser verpflichtet. Später kamen vielfach auch „Zier- und Lustgärten" zur Kontemplation und Erbauung an Gottes Natur hinzu, oft kombiniert mit dem Kräutergarten.

Aus der Kenntnis der Pflanzen und ihrer Wirkung entwickelte sich die Klostermedizin, die oft das Heilwissen des Volkes aufnahm; hier wirkte die Benediktinerin Hildegard von Bingen (1098–1179) wegweisend.

Immer stärker wurde die religiöse Symbolik des Gartens betont, etwa als „Paradiesgärtlein" (irdisches Abbild des Paradieses) oder als Ort der Marienverehrung (im Symbol der Rose ohne Dorn). Klöster unternahmen auch gezielte Pflanzenexperimente, etwa zur Wein- und Obstveredelung. Gregor Mendel (1822–1884), Abt des Augustinerklosters Alt-Brünn, entdeckte schließlich als „Vater der Genetik" die Mendel'schen Erbgesetze – durch Kreuzungsversuche mit reinrassigen Erbsen; er experimentierte auch mit Bienenvölkern.

Die Ruinen der ***Abtei von Glastonbury;*** *das 1278 gestaltete Grabmal für König Artus und seine Gemahlin wurde nach 1534 zerstört. Die Skelette wurden 1962 jedoch wiederentdeckt; ihre Zuordnung bleibt freilich umstritten.*

Die Abtei Glastonbury, eines der bedeutendsten frühen Klöster Großbritanniens, in ihren beeindruckenden Ausmaßen (Zeichnung nach einem Holzmodell).

Eines der wenigen noch erhaltenen Gebäudeteile von ***Bury St. Edmunds*** *lässt die burgartige Wehrhaftigkeit dieser im 11. Jahrhundert befestigten großen Abtei erkennen.*

Die ***Abtei Bury St. Edmunds****, von der heute nur noch Ruinen stehen, war 1214 Versammlungsort der englischen Lords und Bischöfe, die dort die „Magna Charta" formulierten, mit der sie 1215 dem König die Garantie unveräußerlicher Rechte abtrotzten.*

Klöster in England

Um die wohl im 6. Jahrhundert gegründete Abtei Glastonbury ranken sich zahlreiche Legenden. Angeblich bereits von Jüngern Jesu errichtet, wurde sie später mit Joseph von Arimathäa in Verbindung gebracht, der nach der Kreuzigung Jesu den Heiligen Gral hierhin gebracht haben soll.

Abt Dunstan (reg. 945–957), der spätere Erzbischof von Canterbury, führte hier die Benediktsregel ein. Die große Abtei – 1172 lebten 72 Mönche in Glastonbury – wurde noch bedeutender, als nach einem Großbrand (1184) die Mönche 1191 eine Grabplatte mit Inschrift und Bleikreuz freilegten, unter der sich ein männliches und ein weibliches Skelett befanden. Diese wurden aufgrund der Inschrift als die Gebeine des legendären König Artus und seiner Gemahlin Guinevere identifiziert, was die Abtei zum Pilgerzentrum und bis heute zum Wallfahrtsort für Mystery-Fans macht. Bei der Aufhebung Glastonburys durch die Krone 1534 lebten hier noch 51 Mönche; wegen seines Widerstandes wurde der letzte Abt Richard Whyting 1539 hingerichtet.

Eine weitere bedeutende englische Abtei war das 633 von König Sigebert von East Anglia gegründete Kloster Bury St. Edmunds, das seinen Namen erhielt, als 903 die Gebeine des heiligen Königs Edmund von East Anglia (reg. 855–869) hierhin gebracht wurden; Edmund war 869 bei der Abwehr der heidnischen Dänen (Wikinger) gefallen und galt als christlicher Märtyrer.

Zahlreiche Heilungswunder an seinem Grab führten zur reichen Ausstattung der Abtei durch die englischen Könige; die Abtei wurde ab 1020 als eines der größten Klöster Englands in der Anlage eines Kreuzes neu erbaut und die Klosterkirche St. James 1135 fertiggestellt. Bereits 1095 wurden die Gebeine und Reliquien Edmunds in die neue Klosterkirche überführt.

Die Abtei, der 942/45 die Oberherrschaft über die gleichnamige Stadt zuerkannt worden war, fiel 1327 einem Volksaufstand gegen ihre Privilegien zum Opfer, wurde aber mit dem berühmten Torhaus (Abbeygate, Mitte 14. Jahrhundert) bis 1506 neu erbaut, 1539 jedoch aufgehoben; ihre Gebäude sind heute weitgehend zerfallen.

Berühmte Abteikirchen

Zu den berühmtesten Abteikirchen der Gotik zählt die angeblich 616, wahrscheinlich aber um 750 gegründete Westminster Abbey. Der heilige Erzbischof Dunstan von Canterbury (reg. 960–978) – zuvor Abt von Glastonbury – übergab das Kloster den Benediktinern. König Eduard der Bekenner ließ die Klosterkirche 1045–1065 erbauen und wurde nach seiner Heiligsprechung (1163) hier bestattet.

Seit Wilhelm dem Eroberer (1066) werden bis heute hier die Könige Englands gekrönt, und für 17 englische Monarchen wurde die Kathedrale auch zur Grablege. Zwischen 1245 und 1517 erhielt Westminster Abbey ihre heutige gotische Gestalt. Im Innern befinden sich zahlreiche Kapellen mit den Gräbern berühmter Engländer, darunter auch die Grabkapelle Eduards des Bekenners mit dem Krönungsstuhl (King Edward's Chair). Unter den Kapellen ragt die spätgotische für König Heinrich VII. Tudor (errichtet 1503–1519) mit ihrer Deckengestaltung besonders heraus. 1539 wurde das Kloster aufgehoben und die Kathedrale als Kollegiatsstift von St. Peter der Krone unterstellt.

Ebenso berühmt ist die Kathedrale des um 625 gegründeten Klosters von Saint-Denis in Paris, in der bereits zahlreiche Merowinger- und Karolingerherrscher beigesetzt wurden und die seit Hugo Capet (reg. 987–996) zur Grablege fast aller Monarchen Frankreichs wurde.

Der Bau der heutigen Kirche erfolgte nach einem Plan des berühmten Abtes Suger (reg. 1122–1151), zeitweiliger Regent Frankreichs, der 1130 mit dem Westbau begann. 1137 entstand die Westfassade mit einer szenischen Portalgestaltung; das Tympanon über dem Hauptportal zeigt Christus als Weltenrichter. Bedeutendstes bauliches Element ist der 1136 begonnene Chor mit Umgang und Kapellenkranz; erstmals überspannte ein Kreuzrippengewölbe Chorumgang und Kapellen zu einem einheitlichen Raum, weshalb Saint-Denis als eine Geburtsstätte der Gotik gilt. Die neue Bauweise erlaubte große, hohe Fenster, wodurch die gesamte Kirche lichtdurchflutet ist. Die gesamte Komposition folgte Sugers Lehre von der Harmonie, wonach die Baukunst zugleich stets auch der höheren Ehre Gottes sowie der Erbauung und Belehrung der Gläubigen zu dienen habe.

Linke Seite: Die im unteren Teil im 15. Jahrhundert errichtete Westfassade von ***Westminster Abbey in London*** *erhielt ihre beiden Haupttürme erst 1722 und 1745. In der Kirche wurden neben Mitgliedern des Königshauses auch Staatsmänner und Dichter bestattet.*

Unten links: Die Fassade des nördlichen Querhauses von ***Westminster Abbey*** *mit ihren gotischen Strebepfeilern und -bögen; dahinter befindet sich die Kapelle Eduards des Bekenners.*

Unten rechts: Der frühgotische Chorumgang (Ambulatorium) von ***Saint-Denis nördlich von Paris;*** *berühmt ist auch das 1231–1281 errichtete „durchlichtete Triforium“: ein von Fenstern durchbrochener, zum Mittelschiff hin geöffneter Gang in der Hochwand.*

Die frühen Abteien der Zisterzienser

Cîteaux, das Gründungskloster des Zisterzienserordens, entstand 1098 in einem Sumpfgebiet in Burgund, wohin sich der Ordensgründer Robert von Molesme (um 1028–1111) zurückzog; Robert und einige Mitbrüder wollten die ursprünglichen Klosterideale Benedikts von Nursia wiederbeleben; so machten sie zunächst das Klostergebiet in harter körperlicher Arbeit urbar: ein Kennzeichen aller frühen Zisterzienserklöster.

Zum eigentlichen Organisator des Klosters und des Ordens wurde jedoch sein Nachfolger als Abt, der Engländer Stephen Harding (reg. 1109–1134), der die Ordensregel (Charta caritatis) und eine für alle Klöster verbindliche Bibelübersetzung ausarbeitete. Er schuf das straffe und hierarchische System von Mutter- und Töchterklöstern des Ordens.

Die ursprünglichen Klosterbauten von Cîteaux sind nicht mehr erhalten – nur noch die 1498–1509 erbaute Bibliothek und die ab 1636 errichteten Verwaltungsgebäude, zu denen bis 1772 eine neue Klosterkirche mit Kreuzgang hinzukam. Die 1797 aufgehobene Abtei ist seit 1898 von Trappistenmönchen besiedelt.

*Rechts: Die erhaltenen Gebäude des berühmten **Klosters Clairvaux**, dessen Abt Bernhard das Bild des Ordens bis heute prägt, gingen 1792 in staatliche Verwaltung über und dienen seit 200 Jahren als Strafanstalt.*

Die Gründungsabteien Frankreichs

Ab 1113 wurden von Cîteaux aus die vier Primarabteien der Zisterzienser gegründet: neben La Ferté, Pontigny und Morimond im Jahr 1115 die Abtei Clairvaux durch den überragenden Ordensmann und Prediger Bernhard von Clairvaux (1090–1153); der Aufstieg des Ordens ist untrennbar mit Bernhard und seinem Kloster verbunden.

In rascher Folge errichtete die Abtei noch zu Bernhards Lebzeiten 166 Tochter- und Enkelklöster in Europa, die alle sowohl theologisch als auch architektonisch durch Clairvaux geprägt sind; so besitzen sie eine eigene Gestaltung romanischer Kreuzrippengewölbe mit Rippen von quadratischem Querschnitt (Kastenrippen). Die Bauten wurden sämtlich durch die Laienbrüder der Klöster (Konversen) ausgeführt.

Die ursprünglichen, bis 1135 errichteten Klosterbauten von Clairvaux wurden sofort und in den Folgejahrhunderten bis 1708 ständig erweitert, so 1148–1174 durch den Bau der 120 Meter langen Klosterkirche mit Chorumlauf und Kapellenkranz. 1792 wurde die Abtei aufgehoben und teilweise abgetragen; die verbliebenen Gebäude werden seit 1808 bis heute als Gefängnis genutzt.

*Links: **Cîteaux**, das Gründungskloster der Zisterzienser; die frühen Klöster des Ordens zeichneten sich durch architektonische Schlichtheit ohne Schmuckelemente aus.*

*Rechte Seite: Ein Trappistenmönch vor der Bibliothek des **Klosters Cîteaux**; die Trappisten sind ein strenger Reformzweig der Zisterzienser, die die ursprüngliche asketische Ausrichtung des Ordens wiederbeleben wollen.*

Die Abtei Fontenay wurde 1119 von Bernhard von Clairvaux als Tochterkloster in einer erst urbar zu machenden Wildnis mit Fischteichen errichtet. Fontenay ist das am besten, noch weitgehend im Urzustand erhaltene der frühen Zisterzienserklöster; in seiner Blütezeit lebten hier 200 Mönche. Die gesamte Anlage folgt mit ihrer schlichten, schmucklosen Fassadengestaltung ohne Kirchturm dem strengen Ordensideal der Frühzeit.

Das Mittelschiff der ab 1139 errichteten, 66 Meter langen dreischiffigen Klosterbasilika mit acht Jochen erhält nur durch die Fenster der Seitenschiffe Licht und hat ein Tonnengewölbe (Spitztonne) mit breiten Quergurten; allerdings werden sowohl die Ostwand des quadratischen Altarraumes (Sanktuarium) als auch die Westwand durch Fenstergruppen aufgebrochen. Die Kirche besitzt einen gotischen Altar und die steinerne „Madonna von Fontenay" aus dem 13. Jahrhundert; 1147 wurde sie von dem ersten Zisterzienserpapst Eugen III. (reg. 1145–1153) – einem Schüler Bernhards, der seit 1138 Mönch in Clairvaux gewesen war – geweiht.

An das südliche Querhaus der Kirche schließt sich der 1150 erbaute Kapitelsaal – der gedrungen wirkende Versammlungsraum der Mönche – mit gotischen Stilelementen an; über diesem liegt das Dormitorium, der große Schlafsaal, in dem die Mönche ohne eigene Zellen nebeneinander auf Strohsäcken schliefen, voneinander lediglich durch niedrige Holzwände getrennt.

Der Kreuzgang mit seinen Doppelarkaden und Zwillingssäulen mit Kapitellen gilt als ein Meisterwerk der Romanik. Dem Idealplan der Zisterzienserklöster folgend, wurden alle frühen Abteien und auch Fontenay als Doppelklöster errichtet – sie trennen den Bereich der Mönche von dem der Laienbrüder (Konversen). Diese kümmerten sich vor allem um die Landwirtschaft der Klöster, zu denen jeweils weite Wald- und Anbauflächen gehörten. Später kamen weitere Gebäudeteile wie der im 18. Jahrhundert im Rokokostil erbaute Abtspalast hinzu.

1791 wurde das Kloster aufgehoben und hier eine Papierfabrik untergebracht, bereits ab 1906 jedoch aufwendig restauriert und in seinem Gebäudebestand erhalten.

*Ein Blick auf den Innenhof und den **romanischen Kreuzgang der Abtei Fontenay**, der mit seinen Zwillingssäulen vor kompakten Strebepfeilern und seinem Spitztonnengewölbe gedrungen wirkt.*

*Rechte Seite oben: Das Innere des schlicht gestalteten **Dormitoriums** (Schlafsaal der Mönche) von **Fontenay**, in dem die Mönche gemeinsam schliefen; die Laienbrüder besaßen einen eigenen Trakt und Schlafsaal.*

*Rechte Seite unten: Das **Dormitorium** (Schlafsaal der Mönche) von **Fontenay**, in der Außenansicht; daneben befindet sich links der Krankensaal (Hospital). Im Hintergrund ist die Klosterkirche zu sehen.*

Innenaufnahme des ***Kreuzganges der Abtei Fontfroide****, der ab 1250 gotisch aufgestockt und eingewölbt wurde; er zählt zu den schönsten und berühmtesten Klosterkreuzgängen des Mittelalters.*

Die Abtei Sainte-Marie de Fontfroide wurde 1093 zunächst als Benediktinerkloster gegründet, kam aber 1146 nach einem Besuch Bernhard von Clairvaux' an die Zisterzienser. Im selben Jahr begann der Bau der schlichten, aber durch ihre Größe imponierenden Klosterkirche mit Spitztonnengewölbe. Aus der spätromanischen Frühzeit stammen auch der Kreuzgang und der 1180–1210 errichtete Kapitelsaal. Um 1250 wurde die gesamte Klosteranlage gotisch umgebaut, und die Kirche erhielt ein großes Maßwerkfenster, eine Fenstergestaltung mit filigranem Zierwerk aus Stein. Im 15. Jahrhundert wurden nochmals zahlreiche bauliche Erweiterungen vorgenommen, dazu gehören gotische Seitenkapellen an der Südseite.

Das Kloster spielte bei der Bekämpfung der Katharer in Südfrankreich eine führende Rolle; die Ermordung des päpstlichen Gesandten Pierre de Castelnau, eines Mönches aus Fontfroide, löste 1208 die blutigen Katharerkreuzzüge aus. Jacques Fournier, Abt von Fontfroide (reg. 1311–1317), wurde Papst Benedikt XII. (reg. 1334–1342). Das 1791 aufgehobene und 1858–1901 wiederbesiedelte Kloster wurde 1908 von Kunstfreunden ersteigert, die den Gebäudebestand mit Sorgfalt restaurierten.

Die Klosterapotheke des 1437–1452 neu erbauten Dominikanerkloster San Marco in Florenz zeigt die Bedeutung, welche die Herstellung von Heilmitteln und Tinkturen zu allen Zeiten für die Klöster besaß.

Klöster und Krankenpflege

Die Krankenpflege gehört zu den sogenannten sieben Werken der Barmherzigkeit des Christentums, die Jesus in seiner Endzeitrede (Matthäus 25, 34–46) aufzählt, um vor den Augen Gottes Barmherzigkeit zu finden. Gemäß Jesu Gleichnis vom barmherzigen Samariter (Lukas 10, 25–37) werden sie auch als „Samariterdienst" bezeichnet.

Schon früh errichteten die Klöster Krankensäle – und dies nicht nur für die Klosterangehörigen; vor allem die Klöster entlang der großen Pilgerrouten richteten größere Krankenstationen zur Betreuung der Laien und Pilger ein. Zu diesen Klöstern gehörte oftmals ein Heilkräutergarten; da die Ordensleute um die psychische Wirkung bestimmter Pflanzen wussten, linderten sie nicht nur körperliche Schmerzen sondern auch seelische Leiden.

Später widmeten sich einzelne Orden – etwa die Johanniter oder die Frauenorden, die sich dem Ideal der die Kranken betreuenden Landgräfin Elisabeth von Thüringen (1207–1231) mit ihrem Marburger Hospital verpflichtet fühlten – ausdrücklich dem Krankendienst und wirkten auch in den Missionsländern.

*Das im Stil der frühen Zisterzienser schlicht und massiv wirkende **Dormitorium** der Mönche von **Fontfroide**; der Schlafsaal der Laienbrüder wurde im 15. Jahrhundert zu einem Gästetrakt umgestaltet.*

Zisterzienserklöster in Italien

Das Kloster Fossanova wurde spätestens um 800 als Benediktinerabtei durch die Grafen von Aquino gegründet, und im März 1274 starb in der Pilgerherberge des Klosters auch dessen berühmtester Spross und bedeutendster Denker des Mittelalters, Thomas von Aquin (1225–1274). Im Rahmen der Italienreise Bernhard von Clairvaux' unterstellte sich das Kloster 1135 der Zisterzienserregel.

1173 begann der Bau der spätromanischen und frühgotischen Klosteranlage mit Kreuzgang, ab 1187 entstand als frühester gotischer Bau Mittelitaliens die Klosterkirche nach den von Bernhard ausgearbeiteten architektonischen Regeln mit zwei Querhauskapellen; das Mittelschiff trägt ein Kreuzgratgewölbe mit Quergurten. Die bis in die Fassade und das Portal betont schmucklos gehaltene Kirche wurde 1208 von Papst Innozenz III. (reg. 1198–1216) geweiht. 1280–1310 erhielt die Anlage weitere gotische Anbauten wie Refektorium (Speisesaal) und Kapitelsaal. Das Kloster wurde 1810 aufgehoben, jedoch 1825 zunächst dem Kartäuserorden und 1932 polnischen Franziskanern übergeben.

1141 gründete Herzog Garnerio von Spoleto die im Jahr darauf von Zisterziensern aus Chiaravalle Milanese besiedelte Abtei Santa Maria di Chiaravalle di Fiastra. Die

Klosterkirche aus Backstein folgte mit ihrem Grundriss in Kreuzform dem Bauplan Bernhard von Clairvaux': mit dreischiffigem Langhaus, rechteckigem Chor (Altarraum) und Querhaus mit zwei Seitenkapellen mit Tonnengewölben. Das westlichste der vier Joche des Langhauses trägt ein schlichtes Kreuzgratgewölbe. Die Kirche besitzt im Westen eine Vorhalle und die Westfassade eine (später eingefügte) Rosette aus Marmor. Von den ursprünglichen Klostergebäuden ist nur noch der sechsjochige Kapitelsaal im Ostflügel erhalten, während die anderen Teile später überbaut wurden.

Nach Zerstörungen durch Kriegshandlungen ab 1422 erfolgte der Niedergang des Klosters, das 1581 dem Jesuitenorden übertragen und nach dessen Auflösung 1773 zum gräflichen Landsitz wurde. Seit 1985 lebt wieder eine kleine Zisterziensergemeinschaft in Chiaravalle di Fiastra.

Linke Seite oben: Der Innenhof mit dem nach dem architektonischen Ideal der Zisterzienser schlicht wirkenden romanischen Kolonadenkreuzgang der ***Abtei Santa Maria di Chiaravalle****.*

Linke Seite unten: Die ***Abtei Fossanova*** *unterstellte sich 1135 der Zisterzienserabtei Hautecome in Savoyen, einem Tochterkloster von Clairvaux, und wurde selber zum Mutterkloster von fünf weiteren Zisterzienserabteien.*

Oben: ***Abtei Santa Maria di Chiaravalle di Fiastra*** *wurde zu einem der bedeutendsten Klöster in den italienischen Marken.*

Rechts: Die schlichte und massiv wirkende Bauweise der frühen Zisterzienserklöster zeigt sich auch beim Refektorium (Speisesaal) des ***Klosters Chiaravalle****.*

Zisterzienserklöster in Deutschland

Vor allem im wirtschaftlich wenig entwickelten Osten Deutschlands waren die Zisterzienser äußerst willkommen. Sie begannen mit der Trockenlegung des Landes – ihre Klöstern lagen fast immer in sumpfigem Gelände – und erhielten oder kauften von den Landesherren zahlreiche Ortschaften und Seen, die sie verwalteten. Auf seinem Höhepunkt (1307) besaß zum Beispiel das Kloster Zinna 300 Quadratkilometer Grundherrschaft.

Die Mönche wurden zur Kolonisierung des Landes sowie zur Missionierung der gerade erst christianisierten Slawen eingesetzt – was nicht ohne Widerstände erfolgte: 1179 fielen Zinnas erster Abt Rizzo und um 1185 Lehnins erster Abt Sibold Mordanschlägen der Slawen zum Opfer.

Kloster Zinna wurde 1170 von Erzbischof Wichmann von Magdeburg begründet und nach seiner Zerstörung durch die Slawen (1179) ab 1221 neu erbaut. Die 1226 fertiggestellte Klosterkirche ist eine frühgotische Pfeilerbasilika aus Feldstein; 1350 wurde die Anlage um die „Neue Abtei" mit Gästehaus und Spital erweitert. Das 1553 aufgehobene Kloster wurde ab 1897 restauriert. Die Markgrafen von Brandenburg aus dem Hause der Askanier gründeten 1180 das Kloster Lehnin als Tochterkloster der Primarabtei Morimond und 1258 das Kloster Chorin als Tochterkloster von Lehnin. Beide sind typische Bauten der deutschen Backstein-Gotik; in Lehnin etwa brannten die Laienbrüder selbst die Ziegelerde in riesigen Öfen – bis zu 10 000 Steine gleichzeitig.

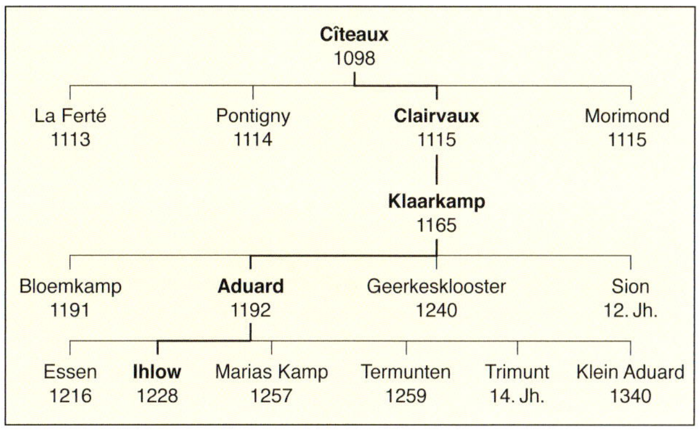

Filiationslinie des Zisterzienserklosters Ihlow in Ostfriesland; bei Schwierigkeiten und Fragen wandten sich die Tochterklöster stets an ihre Mutterklöster. Deren Äbte statteten den Tochterklöstern regelmäßig eine „Visitatio" ab – zwecks Prüfung und Rechenschaftsbericht.

Ab 1185 entstand in Lehnin der östliche Teil der Klosterkirche mit Vierung, Altarraum und Querschiffen, die um 1220 ein Kreuzrippengewölbe erhielt und bis 1235 mit einem Kreuzgang vollendet wurde. Da hier bald 100 Mönche lebten, wurde die Anlage mit dem Bau der Westfassade bereits ab 1250 mehrfach erweitert.

Die dreischiffige Klosterkirche von Chorin orientiert sich an Lehnin, aber auch an baulichen Elementen der Bettelorden. Die Westfassade mit Spitzbogenfenstern und einem berühmten Giebel ist repräsentativer und schmuckvoller gestaltet als die anderer Klosterkirchen der Backsteingotik.

Die Bauten mit Kreuzrippengewölben und der Kreuzgang sind nur teilweise erhalten. Beide Abteien wurden 1542 im Zuge der Reformation aufgehoben und verfielen, wurden jedoch seit dem 19. Jahrhundert aufwendig rekonstruiert.

*Linke Seite: Der nüchterne Innenraum der Klosterkirche **St. Marien von Lehnin** mit Blick Richtung Osten; einfache Schmuckfriese und die Grisailletechnik – das Bemalen der Fenster mit einfarbigen Pflanzenornamenten – betonten die Schlichtheit.*

*Links unten: Brauhaus, Konversentrakt und im Hintergrund die Klosterkirche von **Chorin**; die Strenge der Fassaden wird durch die Giebelgestaltung mittels gestufter Ziertürmchen etwas zurückgenommen.*

*Rechts unten: Siechenhaus und Abteigebäude des **Klosters Zinna** in der Uckermark; in die Seitenschiffe und das Querhaus der Klosterkirche wurden bei Umbauten spätgotische Wölbungen eingezogen.*

*Rechte Seite: **Dunbrody Abbey** ist die am besten erhaltene Klosterruine Irlands aus dem 12. Jahrhundert. 1852 stürzten die Langhausarkaden und das große Fenster der Westfassade ein.*

*Links: Seit dem 18. Jahrhundert wird der verbliebene Gebäudebestand von **Fountains Abbey** gepflegt, sodass vor allem die Kirchenwände mit Turm erhalten blieben.*

Zisterzienserklöster in Großbritannien und Irland

Auch die raue Umgebung der Region North Yorkshire im Norden Englands machten die Zisterzienser fruchtbar. 1132 gründete Erzbischof Thurstan von York (reg. 1114–1190) die Abteien Rievaulx und Fountains Abbey, die durch Schafzucht, Milchwirtschaft und die Betreuung von Dörfern, Wäldern und Fischteichen mächtig wurden.

*Die erhaltenen Wände und Arkadenbögen der Klosterkirche von **Rievaulx Abbey**; das Kloster war auch Mittelpunkt eines Kultes um den heilig gesprochenen Abt Aelred.*

Bereits 1142 lebten in Rievaulx 300 Mönche und am Ende der Regierungszeit des berühmten Abtes, Predigers und Mystikers Aelred (reg. 1147–1167) 650 Mönche und Laienbrüder. Die 1135–1145 errichtete dreischiffige Klosterkirche mit spitzbogigen Doppelarkaden erhielt 1215–1220 durch einen neuen Chor mit fünf Altären eine Gesamtlänge von 104 Metern. Erhalten sind neben den Kirchenmauern auch die Mauern des dreischiffigen Kapitelsaals, das Refektorium sowie ein Krankentrakt mit eigenem Kreuzgang und einem 44 Meter langen Krankensaal. Wie Fountains erlebte auch Rievaulx im 14. Jahrhundert durch den „Schwarzen Tod" (die Pest) und die Grenzkriege mit Schottland seinen Niedergang. 1381 lebten hier nur noch 14 Mönche, 1538 wurde das Kloster aufgehoben.

In Fountains Abbey begann nach der Zerstörung der ersten Gebäude 1147 der Neubau: Die zunächst einschiffige Klosterkirche wurde 1155–1160 zu einer dreischiffigen erweitert, die Seitenschiffe erhielten Tonnengewölbe. Von den bis etwa 1250 fertiggestellten Klosterbauten sind neben den Kirchenwänden auch die Reste des Kapitelhauses, des Refektoriums, der Werkstätten und des Konversentraktes erhalten; 1539 wurde die Abtei aufgehoben.

Im irischen County Wexford gründete nach der Besetzung Irlands durch die Normannen der normannische Adelige Hervé de Montmorency 1170 die Abtei Dunbrody und fungierte als ihr erster Abt (reg. 1170–1205). Die kreuzförmige Klosterkirche mit Kapellen in der Ostseite der Seitenschiffe wurde 1210–1240 errichtet, im 15. Jahrhundert kam ein Vierungsturm hinzu. Von den Konventsgebäuden sind nur der Ostturm und ein Portalbogen im Westen erhalten. Die Abtei wurde 1536 aufgehoben und geplündert und 1542 der britischen Krone zugewiesen.

Die Klöster der neuen Orden

Verstärkt ab dem 11. Jahrhundert entstanden zahlreiche neue Orden, die mit bedeutenden Klosterbauten hervortraten. Architektonisch orientierten sich diese Bauten häufig an der spezifischen Ausrichtung des jeweiligen Ordens.

Klöster der Prämonstratenser und Dominikaner

Der Prämonstratenserorden war stark von den Idealen der Zisterzienser beeinflusst, verband das Mönchsleben aber stets mit der seelsorgerischen Betreuung von Pfarreien. Das Stift Tepl (Tschechien) wurde 1193 von dem böhmischen Grafen Hroznata gegründet, der 1202 hier selber als Mönch eintrat. Die 1232 geweihte Stiftskirche Mariä Verkündigung entstand als Hallenkirche im Übergang von der Romanik zur Gotik. Das reich ausgestattete Kloster erlebte nach 1380 als Zentrum der Besiedlung durch deutsche Kolonisten einen bedeutenden Aufschwung. Im Dreißigjährigen Krieg (1618–1648) zweimal geplündert und 1659 bei einem Brand vollständig zerstört, veranlasste Abt Raimund II. Wilfert (reg. 1688–1722) einen barocken Neubau von Kloster und Kirche; sie wurde mit Fresken ausgekleidet und erhielt 1750 einen prächtigen Hochaltar. Mönche aus Tepl prägten zu dieser Zeit die Wissenschaft in Böhmen. Abt Karl Reitenberger (reg. 1813–1827) gründete 1818 den berühmten Kurort Marienbad. Nach dem 2. Weltkrieg wurden die Mönche vertrieben, und das Kloster wurde wenige Jahre später aufgelöst; seit 1990 ist Tepl jedoch wieder von Prämonstratensern besiedelt.

Aktive Seelsorge betrieb auch der zu den Bettelorden gehörende Predigerorden der Dominikaner. 1282 begann der Bau des Dominikanerklosters und der Klosterkirche

*Das streng und schlicht wirkende Innere der Klosterkirche **San Nicolò in Treviso**; ein Teil der Kirche wurde durch den Einsturz des Kirchturms im 14. Jahrhundert beschädigt und neu erbaut.*

San Nicolò in Treviso (Italien), einer frühgotischen Ziegelkirche mit Rundpfeilern und Kreuzgang, der mit Umbauten bis 1389 abgeschlossen war. Testamentarische Zuwendungen durch Papst Benedikt XI. (reg. 1303–1304), der dem Orden entstammte, ermöglichten die berühmte Auskleidung des Kapitelsaals; hier fanden Diskussionen und Abstimmungen statt – denn die freie Meinungsäußerung der Mönche spielte bei den Dominikanern stets eine große Rolle.

Der Maler Tomaso da Modena (um 1325–1379) malte 40 Fresken auf die Wände des Kapitelsaals, die berühmte Mitglieder des Ordens – darunter Päpste, Kardinäle und bedeutende Denker wie Albertus Magnus und Thomas von Aquin – in zumeist studierender Haltung zeigen; hierunter findet sich auch die erste Darstellung einer Brille. Dach und Turm der Kirche sowie ein Teil der Fresken im Kapitelsaal wurden 1944 durch Fliegerbomben schwer beschädigt, später jedoch restauriert.

*Die Stiftskirche des **Prämonstratenserklosters Tepl** mit den daneben liegenden Klostergebäuden wurde durch den bayerischen Barockbaumeister Christoph Dientzenhofer (1655–1722) ab 1689 neu gestaltet.*

Ein studierender Dominikanermönch aus dem berühmten Freskenzyklus des Kapitelsaals von San Nicolò in Treviso, gestaltet ab 1352 durch Tomaso da Modena.

Assisi und die Franziskaner

Die Klosterbauten in Assisi sind untrennbar mit dem Franziskanerorden verbunden. 1228, im Jahr der Heiligsprechung Franz von Assisis, begann durch päpstliche Grundsteinlegung die Errichtung der Klosterbasilika San Francesco sowie des Sacro Convento (Heiliger Konvent): das Mutterkloster der Franziskaner.

Die Basilika – mit romanischen und gotischen Stilelementen – wurde als Doppelkirche angelegt: Die bis 1239 fertiggestellte Unterkirche (Basilica Inferiore), in die 1230 der Leichnam des Franziskus überführt wurde, besitzt im Hauptschiff die ältesten, nur noch teilweise erhaltenen Fresken aus dem Leben des Ordensgründers. Die 1259 fertig gestellte Oberkirche (Basilica Superiore) gehört zu den berühmtesten Kirchen der Christenheit, besonders durch den Freskenzyklus des Malers Giotto di Bondone (1266–1337): 14 äußerst bewegte Szenen aus dem Leben des Franziskus, die ihn als den wahren Heiligen in der Nachfolge Christi mit endzeitlichen Aspekten ausweisen. Berühmt ist auch die Fensterrose über dem Eingang der Oberkirche (s. S. 2).

*Linke Seite: Das Innere der Oberen Kirche von **San Francesco in Assisi** mit Blick nach Osten; an den Wänden sind die Fresken Giottos zu sehen.*

*Rechts: Das um 1500 aus Holz mit Intarsienarbeiten gestaltete Chorgestühl der Oberen Kirche von **San Francesco in Assisi**.*

*Unten: Die Obere Kirche von **San Francesco in Assisi** mit dem 1239 fertiggestellten Glockenturm; der Komplex wurde wiederholt durch Erdbeben schwer beschädigt, zuletzt 1997.*

Franziskus von Assisi: die radikale Nachfolge Christi

Franziskus predigt vor Papst Honorius III. (reg. 1216–1227), der 1223 die endgültige Ordensregel bestätigte (Gemälde aus dem Freskenzyklus Giottos).

Franz von Assisi (1181/82–1226) ist selbst unter den christlichen Heiligen eine provozierende Ausnahmeerscheinung. Aufgewachsen als Sohn eines wohlhabenden Tuchhändlers, geriet er – ein Weltmann und Ritter – bei einem Gefecht in Gefangenschaft und vollzog 1204/05 eine radikale Wandlung: Er verschenkte seine Habe und verzichtete auf allen weltlichen Besitz, lebte zunächst als Einsiedler und baute mit eigenen Händen verfallene Kapellen wieder auf, darunter die berühmte Portiuncula bei Assisi; dort lebte er ab 1208. Seine kleine Anhängerschar wuchs rasch, und 1210 bestätigte der Papst erstmals seine Ordensregel, die er jedoch mehrfach abmildern musste. Das erste Franziskanerkloster wurde 1212 gegründet. Neben der kompromisslosen Unterwerfung unter die „Herrin Armut" in der Nachfolge Christi propagierte Franziskus in seinen Gebeten und Gesängen eine fromme Naturverbundenheit und mildtätige Nächstenliebe. Als sich Franziskus 1224 in die Einsamkeit zurückzog, zeigten sich bei ihm die Wundmale Christi; dies gilt als erster überlieferter Fall der Stigmatisation.

Der Innenraum der Kirche ***Santa Maria in Aracoeli in Rom*** *mit seinen Arkadenreihen aus antiken Säulen und der prunkvoll gestalteten Decke.*

Zu den weiteren bedeutenden Kirchen und Klöstern der Franziskaner in Assisi zählt der unterhalb Assisis gelegene Komplex von San Damiano mit Klosterkirche und Konvent. San Damiano war eine verfallene Kapelle, die Franziskus ab 1205 in schlichter Naturverbundenheit als Ort des Gebets wieder aufbaute; hier verfasste er auch 1224/25 sein wohl berühmtestes Gebet „Sonnengesang". Im Hauptschiff der über einen Kreuzgang mit dem Konvent verbundenen Kirche finden sich Fresken mit Szenen aus dem Leben des Franziskus aus dem 14. Jahrhundert.

In San Damiano starb auch die heilige Klara von Assisi (1193/94–1253), die Gefährtin des Franziskus und Gründerin des Klarissenordens als weiblicher Zweig der Franziskaner. Ihr ist die ab 1257 aus rosa Stein erbaute gotische Kirche Santa Chiara in Assisi mit der rot-weiß gestreiften Fassade gewidmet. In ihrem Innenraum hängt das hölzerne Kreuz aus San Damiano, von dem herab Christus zu Franziskus gesprochen haben soll.

Die Kirche mit ihren Seitenkapellen wurde im 13. und 14. Jahrhundert mit mehreren bedeutenden Freskenzyklen von namentlich oftmals nicht bekannten Künstlern ausgekleidet. Eine bedeutende Franziskanerkirche ist auch Santa Maria in Aracoeli in Rom. Der Vorgängerbau – in dem die heilige Helena, die Mutter Kaiser Konstantins bestattet wurde – entstand an Stelle eines römischen Juno-Tempels, der bereits den namensgebenden Himmelsaltar (lat. *ara coeli*) enthielt.

Der seit dem 8. Jahrhundert bestehende Klosterkomplex griechischer Mönche wurde 1250 vom Papst dem Franziskanerorden übergeben. Die Franziskaner erbauten die dreischiffige Klosterbasilika mit Doppelarkaden, deren 22 Säulen aus antiken Bauwerken stammen. Die prächtig gestaltete Kassettendecke wurde von Papst Gregor XIII. zur Erinnerung an die Seeschlacht von Lepanto (1571) gestiftet, in der die christliche Flotte über die türkischen Osmanen siegte. Berühmt ist die Kirche wegen der im 15. Jahrhundert von einem Franziskanerpater aus Olivenholz des Gartens Gethsemane geschnitzten Figur des Christkindes, die als wundertätig gilt. Eine 1348 fertiggestellte steile Treppe mit 124 Stufen führt zu der außen eher schlicht gestalteten Franziskanerkirche.

Gesamtansicht der Klosterkirche und des Konventes von ***Santa Chiara in Assisi;*** *als 1850 die Gebeine der heiligen Klara entdeckt wurden, erhielt Santa Chiara bis 1872 eine Krypta, in der die Heilige beigesetzt wurde.*

Unten: Fresken in der Kapelle von ***San Damiano bei Assisi;*** *das Stirnbild zeigt die Madonna mit dem Jesuskind, umgeben von den Heiligen Sebastian, Franziskus und Klara von Assisi.*

Klöster der Karmeliten

Der nach dem Berg Karmel in Palästina benannte Karmelitenorden, der Eremitentum und Kontemplation mit aktiver Seelsorge und wissenschaftlichen Studien verbindet, erhielt bedeutende Klosteranlagen in Portugal. Die bis 1423 erbaute Klosterkirche Igreja do Carmo in Lissabon ist heute ein Mahnmal für das furchtbare Erdbeben von 1755, da sie im zerstörten Zustand belassen wurde. Der Bau der damals größten und einzigen im rein gotischen Stil errichteten Kirche Lissabons mit dem Konvent geht auf ein Gelübde des Nationalhelden und königlichen Heerführers Nuno Álvares Pereira (1360–1431) zurück, der 1385 in der Schlacht von Aljubarrota die Unabhängigkeit Portugals gegen Kastilien sicherte; 1422 trat er als Karmelitenmönch in das Kloster ein und starb hier 1431 im Rufe der Heiligkeit.

Die Klosterkirche wurde an einer Hanglage errichtet; um eine einheitliche Ebene zu schaffen, mussten ihre Bauelemente unterschiedlich hoch errichtet werden. Der Westteil der Anlage mit einem eindrucksvollen Portal trägt heute kein Dach mehr, doch sind die Rippenbögen teilweise erhalten, sodass das Gebäude wie ein riesiges Gerippe wirkt. Der weniger zerstörte und noch überdachte Ostteil vermittelt einen Eindruck der früheren Anlage.

In Soncino (Lombardei) wurde die Kirche Santa Maria delle Grazie 1501–1528 für den dortigen Karmelitenkonvent erbaut und 1531/32 von Giulio Campi und den Brüdern Bernardino und Francesco Carminati durchgehend mit Fresken ausgekleidet; die Kirche mit einer Skulptur der gnadenreichen Madonna besitzt eine Marien- und zwei weitere Kapellen; sie gilt als Beispiel der lombardischen Renaissancearchitektur. Seit 1536 diente sie auch als Privatkapelle und Grablege der Grafenfamilie Stampa.

1621 zogen sich Mönche der strengen Richtung des Karmelitenordens – der Unbeschuhten Karmeliten – in die Einöde des heutigen Naturschutzparks bei Benicàssim (Region Valencia, Spanien) zurück und errichteten hier bis 1694 das Kloster Desert de les Palmes (Palmenwüste) – mit einer von Zwergpalmen umgebenen Klosterkirche und mehreren Einsiedeleien auf dem Gelände. Der in unmittelbarer Nähe liegende, bis heute genutzte Konvent stammt aus dem 18. Jahrhundert. Seit 1896 finanziert sich das Kloster durch die Herstellung eines beliebten Kräuterlikörs.

*Oben: Eine der mit Fresken ausgemalten Seitenkapellen der Kirche Santa Maria delle Grazie des **Karmelitenklosters Soncino** (Lombardei); Bau und Ausmalung der Kirche wurden von der mächtigen Mailänder Herrscherfamilie der Sforza unterstützt.*

*Der heutige (neue) Karmelitenkonvent des **Klosters Desert de les Palmes bei Benicàssim** (Spanien) stammt aus dem 18. Jahrhundert und liegt inmitten eines Naturschutzgebiets.*

*Rechte Seite: Die frei stehenden Arkadenbögen der **Igreja do Carmo in Lissabon** – ein Mahnmal des Erdbebens von 1755; in den erhaltenen Seitenflügeln sind heute archäologische Sammlungen untergebracht.*

Die Kartausen

Einen der strengsten christlichen Orden überhaupt, die Kartäuser, gründete der heilige Bruno von Köln (um 1030–1101); 1084 rief er mit sechs Gefährten in der Gebirgsregion bei Grenoble die Grande Chartreuse in Leben – als Mutterhaus und architektonisches Vorbild des Ordens, der bis heute Eremitentum mit rudimentären Gemeinschaftsformen verbindet. Bruno wurde bald von Papst Urban II. nach Italien gerufen, wo er 1091 eine erste weitere Kartause in Kalabrien gründete (La Torre).

Die Grande Chartreuse zeigt bereits den inneren Aufbau aller Kartausen: Die Mönche kommen zum gemeinsamen Chorgebet in der schmucklosen, einschiffigen Steinkirche zusammen, ebenso zu gewissen Zeiten im Kapitelsaal und Refektorium. Vom Kreuzgang gehen die einzelnen, kargen Mönchszellen aus Holz („Wüsten") mit eigenen vorgelagerten Gärtchen ab; jede Einheit ist durch Mauern vom Nachbarn isoliert.

Die ursprüngliche Chartreuse wurde 1132 durch eine Steinlawine zerstört und zwei Kilometer südlich neu erbaut; sie brannte insgesamt acht Mal nieder und wurde stets wieder neu errichtet. Die heutigen Gebäude stammen großteils aus dem 17. Jahrhundert, doch gibt es einzelne ältere Elemente. 1903 wurde das Kloster aufgehoben, doch seit 1940 siedeln hier wieder Kartäusermönche.

Eine der größten und bedeutendsten Kartausen stiftete 1330 Herzog Albrecht II. von Österreich unter dem Namen „Marienthron" in Gaming (Österreich) als Doppelkloster: mit 24 Mönchen (anstelle der von der Ordensregel zunächst vorgeschriebenen 12 Mönche). Die 1342 eingeweihte Kartause erhielt bedeutende Zuwendungen, besonders nachdem 1358 Herzog Albrecht II. hier bestattet wurde.

*Die Klosterkirche der **Kartause Gaming** ist außen eher schlicht gestaltet und wirkt mit ihrem schlanken, spitzen Kirchturm grazil.*

Die Klosterkirche mit dem ursprünglichen Kreuzrippengewölbe erhielt 1453 ein spätgotisches Kappengewölbe sowie Seitenkapellen; weitere Gebäude wie der Prälatenhof kamen ab 1585 hinzu, und die Bibliothek wurde 1702–1739 erbaut. Mit Prior Nikolaus III. Kempf (reg. 1451–1458) stieg Gaming zu einem Wissenschaftszentrum auf und wurde die mitgliederstärkste aller Kartausen. Der Innenraum der Klosterkirche wurde 1742–1746 barock umgestaltet: Während die Wände noch dem schlichten Kartäuserideal entsprechen, sind Kirchendecke und Kuppel mit Fresken und Stuck prunkvoll ausgekleidet.1782 wurde das Kloster durch staatlichen Befehl aufgehoben, seine Gebäude jedoch durch nachfolgende Besitzer erhalten und aufwendig restauriert.

*Linke Seite: In einem Tal, umgeben von schroffen Felsen liegt das Mutterkloster des Kartäuserordens – die **Grande Chartreuse bei Grenoble**. Seit 1755 ist das Kloster für seinen Likör „Chartreuse" aus über 130 Kräutern und Gewürzen berühmt.*

*Die Wandgestaltung des Innenraums der Klosterkirche von **Gaming** wurde – im Gegensatz zur prachtvoll gestalteten Decke – eher einfach und schmucklos gehalten.*

Die Anlage des bis heute von Augustiner-Chorherren bewirtschafteten ***Klosters Neustift bei Brixen****; zu seiner Bedeutung trug auch das mit dem Kloster gegründete Hospiz und Rasthaus für Reisende und Pilger der Chorherren bei. 1526 wurde es in den Tiroler Bauernkriegen geplündert.*

Klöster der Augustiner und Birgitten

Die Augustiner leben nach der Ordensregel des großen Kirchenlehrers Augustinus: in Armut und brüderlicher Eintracht, aber auch zu gegenseitiger Mahnung und Hilfe. 1276 erhielten die Augustiner in Erfurt die 1131 erbaute Kirche St. Philippi und Jacobi, die sie ab 1277 zum Augustinerkloster umbauten. Bis 1518 entstanden Langhaus und Kirchturm der Klosterkirche – die Farbglasfenster erhielt sie 1310–1340 – sowie Kreuzgang und Klostergebäude.

In das als Studienzentrum bedeutende Kloster trat 1505 der junge Martin Luther (1483–1546) ein und wurde hier 1507 zum Priester geweiht, bevor er 1511 nach Wittenberg ging. 1522 schloss sich das Kloster der Reformation Luthers an und wurde 1559 säkularisiert.

1142 gründete Bischof Hartmann von Brixen in einem unwirtlichen Talkessel bei Brixen (Tirol/Italien) das Kloster Neustift als Augustiner-Chorherrenstift. Obwohl das Kloster von Anfang an mit den Brixener Bischöfen, denen es bis 1907 unterstand, und den Tiroler Landesherren um Freiheiten und eigene Gerichtsbarkeit streiten musste, wurde es durch Stiftungen so mächtig, dass es im Jahre 1500 bereits 542 Höfe, 49 Häuser, 5 Mühlen, 82 Weingärten, 58 Wiesen und 76 Äcker besaß.

Das Kloster Vadstena wurde 1346 als Mutterkloster des Erlöserordens von der Ordensgründerin Birgitta von Schweden (1303–1373) geplant. Birgitta – zunächst Hofmeisterin und Mutter von acht Kindern – erlebte nach dem Tod ihres Gatten (1344) ihre Berufung zur Ordensgründerin, gründete 1349 den Erlöser- oder Birgittenorden und war als christliche Visionärin auch politisch einflussreich.

Die dreischiffige gotische Klosterkirche aus blaugrauem Kalkstein – nach Birgittas Anweisungen betont schlicht und schmucklos gestaltet – wurde 1369–1430 errichtet und anschließend mehrfach ausgebaut; der Chor der Nonnen lag im Westteil, der Chor der Mönche als geistlicher Betreuer der Frauenorden im Osten. Durch Stiftungen war das Kloster der größte Grundbesitzer Schwedens und überstand die 1523 beginnende landesweite Reformation bis 1595. Als zweite Äbtissin des Klosters folgte 1374 Birgittas Tochter, die heilige Katharina von Schweden (1331/32–1382), und überführte die Gebeine ihrer in Rom verstorbenen Mutter dorthin; Vadstena wurde daraufhin zum Wallfahrtszentrum.

Oben: Die Klosterkirche St. Birgitta des ***Birgitten-Mutterklosters Vadstena;*** *wegen ihrer Fassade aus blaugrauem Stein wird die Kirche in Schweden „Blåkyrkan" (Blaukirche) genannt.*

Das ***Augustinerkloster in Erfurt,*** *in das auch Martin Luther eintrat; das ab 1561 als Gymnasium und Waisenhaus genutzte Kloster ist seit 1996 Sitz der Evangelischen Schwesterngemeinschaft „Communität Casteller Ring".*

Diese steinerne Darstellung eines Tempelritters findet sich in der ***Templerburg von Tomar.***

Ordensburgen der Ritterorden

Die Ritterorden – ursprünglich zur Pilgerbetreuung und Verteidigung des christlich eroberten Heiligen Landes während der Kreuzzüge gegründet – wurden auch in Europa zu mächtigen Grundbesitzern. Gemäß dem Ideal wehrhafter „Rittermönche" residierten sie zumeist in Ordensburgen.

Ordensburgen der Tempelritter

Der Templerorden errichtete seinen Hauptsitz in England ab 1160 auf dem „Middle Temple" genannten Grundstück im Herzen Londons. Hier entstand zunächst die 1185 geweihte, burgartige Rundkirche (Round Church), die dem Heiligen Grab Christi in Jerusalem nachempfunden war und Marmorstatuen von neun berühmten Ordensrittern birgt. Bis 1240 erhielt sie einen rechteckigen Anbau als Altarraum (The Chancel), dessen Gewölbe auf schwarzen Marmorsäulen ruht. Die Templer wurden so mächtig, dass 1307 Frankreichs König Philipp der Schöne (reg. 1285–1314) von Papst Clemens V. 1312 die Auflösung des Ordens mit einem fadenscheinigen Ketzerprozess erzwang. 1314 wurde der letzte Templer-Großmeister Jacques de Molay auf dem Scheiterhaufen verbrannt. Der Tempel in London wurde daraufhin in Räume für Anwaltsschulen des Londoner Gerichts umgewandelt, bis König Heinrich VIII. ihn 1540 für die Krone einzog.

*Die **Templerburg Convento de Cristo in Tomar**; die Anlage wurde vor allem von König Manuel I. (reg. 1495–1521) reich ausgestattet, der als Kronprinz Großmeister des Christus-Ritterordens war.*

*Linke Seite: Rundkirche und Längsbau (Chancel) der **Templerkirche in London**; 1215 zwangen hier Englands Barone den König zur Anerkennung der „Magna Charta".*

Eine der berühmtesten europäischen Templerburgen ist der Convento de Cristo im portugiesischen Tomar; Portugals König Alfons I. (reg. 1139–1185) holte die erfahrenen Ritter als Kämpfer seiner Reconquista (der christlichen Rückeroberung) gegen die Mauren ins Land. 1160 wurde mit dem Bau der Ordensburg begonnen; ab 1162 erhielt sie einen ersten Kreuzgang. Die romanische Kirche wurde als 16-seitiges Polygon mit Rundfenstern und Glockenturm gestaltet, das Oktogon des inneren Grundrisses entspricht dem Heiligen Grab in Jerusalem.

1307 schützte Portugal als einziges Land die Templer vor der Verfolgung, übergab nach ihrer Auflösung jedoch die Burg Tomar 1319 den Rittern des neu gegründeten Christusordens. Sie erhielt 1484 einen weiteren Kreuzgang und die Christuskirche als Anbau und wurde bis 1618 mehrfach erweitert, sodass sie heute über insgesamt acht Kreuzgänge verfügt. Die neueren Bauten wurden ab 1510 im Manuelinischen Stil mit steinernem Tauwerk und Korallenmotiven ausgekleidet – vor allem das seitliche Bogenportal zwischen dem ursprünglichen Templerbau und dem manuelinischen Längsbau. Um die Templerburg Tomar ranken sich bis heute zahlreiche Legenden über den Heiligen Gral – in dessen Besitz die Templer gewesen sein sollen – sowie um angeblich unermessliche Reichtümer des Ordens.

Ein Bollwerk, das der osmanischen Belagerung von 1565 trotzte: das ***Fort St. Angelo,*** *Sitz des Johanniter-Großmeisters, auf einer Landzunge der Insel Malta.*

Ordensburgen der Johanniter (Malteser)

Der Vorgängerbau der wohl berühmtesten Ordensburg des Nahen Ostens – der wehrhafte Krak des Chevaliers in Syrien – wurde vom Emir von Homs 1031 als Hisn al-Akrad (Kurdenburg) errichtet und 1099 von Rittern des Ersten Kreuzzuges nach Jerusalem erobert. 1110 wurde die Burg Teil der Grafschaft Tripolis (eines Kreuzfahrerstaates) und 1142 an den Johanniterorden abgetreten.

Nach zwei Erdbeben begannen die Johanniter 1170 mit einem groß angelegten Neubau: dem Hauptturm, einem Torbau und einer massiven Ringmauer mit drei Türmen sowie Wassergräben an drei Seiten und einer Kapelle im Innenbereich. Nach 1202 wurde sie mit Rundtürmen und Schutthalden gegen Erdbeben (Talus) – vor allem an der Südseite – zu einem Bollwerk mit Mauern von bis zu acht Metern Dicke verstärkt, zu dem um 1250 die äußere Zwingmauer hinzukam. Bereits 1267 eroberte der ägyptische Mamlukensultan Baibars (reg. 1260–1277) die umliegenden Burgen und belagerte den Krak bis 1271 mit Steinschleudern (Bliden); im April 1271 kapitulierten die Johanniter schließlich – gegen die Zusicherung eines freien Abzugs.

Nach ihrer Vertreibung aus dem Heiligen Land eroberten Johanniter 1309 die Insel Rhodos von Byzanz als neuen Hauptsitz ihres Ordens. 1522 wurden sie jedoch von den Osmanen zum Abzug gezwungen und erhielten 1530 von Kaiser Karl V. die Inseln Malta und Gozo als Lehen. Sogleich befestigten sie beide Inseln mit einem Gürtel von Festungs- und Verteidigungsanlagen. Im selben Jahr be-

*Oben: Der mit hochgotischen Hallenbauten ausgestattete Innenbereich der **Burg Krak des Chevaliers in Syrien;** 1188 von Sultan Saladin vergeblich belagert, wurde sie von Sultan Baibars 1271 erobert und ab 1285 weiter ausgebaut.*

*Die **Johanniterburg Krak des Chevaliers in Syrien,** die wohl bedeutendste der Ordensburgen im Heiligen Land; Zustand um 1290, mit Bauerweiterungen durch die Mamluken (nach einer Rekonstruktionszeichnung aus dem 19. Jahrhundert).*

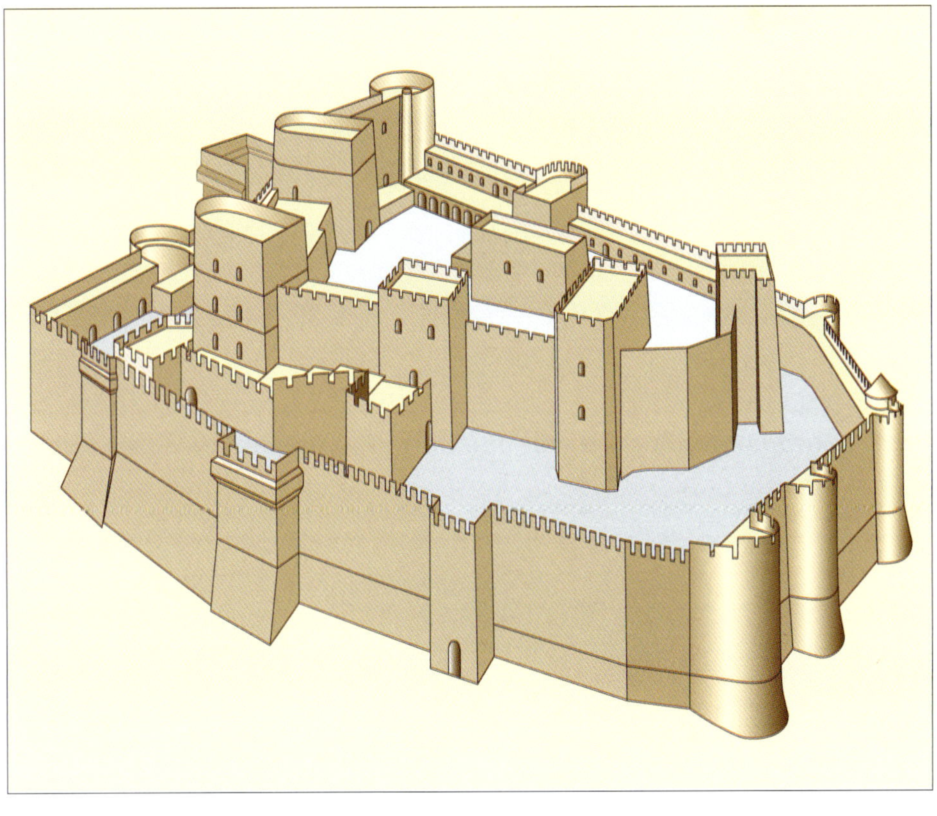

gann auch der Ausbau einer kleinen Burg auf der Spitze von Birgu (heute Vittoriosa), an der Nordostküste Maltas, zum Fort St. Angelo: Hier erhielten der Ordensgroßmeister sowie der Magistratspalast und die Ordenskapelle St. Anna ihren Sitz.

1565 wehrten die Johanniter den Angriff der osmanischen Flotte unter dem berüchtigten Korsaren Turgut Reis ab, der bei der Belagerung fiel. Anschließend gründeten sie im März 1566 in unmittelbarer Nähe des Forts St. Angelo die neue Hauptstadt La Valletta (benannt nach dem damaligen Ordensgroßmeister Jean Parisot de la Valette, reg. 1557–1568). 1798 ergaben sie sich den Truppen Napoleons, der den Orden von der Insel vertrieb; der katholischen Zweigs der Johanniter – der Malteserorden – hat seit 1834 seinen Sitz in Rom.

Die ***Deutschordensburg Heilsberg*** *(Lidzbark Warminski) wurde errichtet, nachdem die baltischen Pruzzen Heilsberg 1261–1273 kurzfristig zurückerobert hatten.*

Ordensburgen des Deutschritterordens

Als der Deutschritterorden seine Besitzungen im Heiligen Land verlor, erhielt er 1309 Marienburg bei Danzig als neuen Hauptsitz und Residenz des Ordensgroßmeisters (bis 1454). Die imposante Marienburg aus rotem Backstein – Zentrum einer deutschen Kolonisierung Ostpreußens, Polens und Livlands – teilt sich in drei Bauensembles: Der älteste Teil, das Hochschloss, ist ein bis 1280 fertiggestellter kastellartiger Vierflügelbau mit Kapitelsaal, Unterkünften der Ritter und einer Kapelle; es wurde bis 1344 mit einem Chor zur St. Marien-Kirche erweitert. Das Mittelschloss erhielt 1309–1400 den gotischen Wohnturm (Donjon) als Hochmeisterpalast sowie zwei lichtdurchflutete Säle – den Sommer- und Winterrempter (Speisesäle) – mit Sternengewölben, die jeweils auf einer einzelnen schlanken Granitsäule in der Saalmitte ruhen. Das Vorschloss mit Außenmauer und St. Lorenz-Kapelle, Komturhaus und Pfahlbrücke über den Fluss war bereits 1309 im Wesentlichen vollendet. Nach der Niederlage des Ordens bei Tannenberg 1410 hielt die Marienburg der polnisch-litauischen Belagerung stand, kam jedoch 1455 unter polnische Hoheit.

Weitere Ordensburgen der Deutschritter wurden Zentren einer deutschen Kolonisierung im Gebiet der baltischen Pruzzen (Preußen, heute Polen). Ab 1232/33 entstanden Ordensburg und Stadt Marienwerder (Kwidzyn) – seit 1243 Sitz der Bischöfe von Pomesanien, einem der vier Bistümer, die der Deutschritterorden im Osten verwaltete; 1343–1384 wurde die Domkirche erbaut. 1525 trat der Bischof wie die gesamte Ordensführung zum Protestantismus Martin Luthers über. Vom Schloss existieren noch zwei Flügel sowie drei Ecktürme und ein zweistöckiger Arkadenkreuzgang im Hof.

1240 wurde Heilsberg (heute polnisch Lidzbark Warminski) vom Deutschorden gegründet und 1306 Sitz des Bistums Ermland, eines weiteren vom Deutschritterorden verwalteten Bischofssitzes. Schloss Heilsberg verblieb bis 1772 im Besitz der Fürstbischöfe, auch als die Stadt 1466 unter polnische Oberhoheit kam. Als Wehranlage gegen die Litauer wurde die Vorburg des Schlosses 1350–1400 mit Mauern und Wassergräben erbaut und ab 1590 mehrfach erweitert – so etwa um die „Kardinalskammern“ und das Mittelschloss auf der Südseite (1666 errichtet); später kam eine Parkanlage im Rokokostil hinzu.

Oben: Die ***Ordensburg und der Dom von Marienwerder*** *(Kwidzyn) – Zeugnisse der Backstein-Gotik aus dem 13. und 14. Jahrhundert.*

Unten: Die ***Marienburg bei Danzig****, Hauptsitz des Deutschritterordens, gehört zu den größten und imposantesten Backsteinbauten in Europa.*

Beginenhöfe und weibliche Frömmigkeit

Die Beginen – die Herkunft des Namens ist bis heute nicht geklärt; eine Legende leitet sie von der Heiligen Begga her – und ihr männliches Pendant, die Begarden, bildeten sich seit Anfang des 13. Jahrhunderts als Vereinigungen christlicher Laien, die in ordensähnlichen Hausgemeinschaften lebten und sich um Kranke, Arme oder moralisch „Gefallene" kümmerten.

Die Beginen entwickelten sich meist durch den Zusammenschluss alleinstehender Frauen oder Witwen aus allen Ständen, die ihr Vermögen einbrachten, zu starken Verbänden, vor allem in den Niederlanden und Flandern. In Amsterdam etwa – sowie in Breda, Antwerpen, Brügge, Gent, Löwen, Mecheln oder Turnhout – entstanden durch Mauern oder Wassergräben separierte, zugleich mitten im Stadtkern angesiedelte Beginenhöfe, die sich als kleine Wohnhäuschen mit Kapelle, Versammlungsraum, Krankenbauten und einem Haus der Beginenmeisterin um einen Innenhof mit Nutz- oder Ziergärten gruppierten. Das Beispiel machte auch in anderen Ländern Europas Schule, und teilweise wurden die Höfe bis ins 19. Jahrhundert von Beginen bewohnt.

Die Amtskirche allerdings stand bis in die Neuzeit unabhängigen Frömmigkeitsbewegungen der Laien, die sich der kirchlichen Kontrolle entzogen, im Allgemeinen skeptisch gegenüber; viele von ihnen gerieten schnell in den Verdacht der Ketzerei gemäß dem kirchlichen Lehrsatz: „Extra ecclesiam nulla salus" – außerhalb der Kirche gibt es kein Heil.

*Wohnhäuschen der Beginen im 1238 gegründeten **Beginenhof von Kortrijk** (Belgien); aus dem 13. Jahrhundert sind 42 Häuser erhalten, im 17. Jahrhundert kamen noch an die 40 Barockhäuser hinzu.*

Die Kapelle St. Spiritus des ***Beginenhospitals im brandenburgischen Havelberg;*** *der rechteckige Backsteinbau mit hohen gotischen Fensternischen wurde 1390 fertiggestellt.*

Außerdem unterlagen weibliche Orden und Ordenszweige stets einer besonders strengen Kontrolle. Die Kirche erkannte zwar große Mystikerinnen wie Hildegard von Bingen (1098–1179), Katharina von Siena (1347–1380) oder Teresa von Ávila (1515–1582) durchaus an, verpflichtete andererseits aber die weiblichen Zweige „aktiver" Männerorden – etwa Franziskanerinnen oder Karmelitinnen – immer wieder auf rein kontemplative Ziele. Um einen „aktiven" christlichen Dienst in der Öffentlichkeit mussten Frauenorden lange kämpfen, zum Beispiel die Dominikanerinnen in der Glaubensverkündigung. Die meisten „emanzipierten" sich im Rahmen der Krankenpflege und Armenfürsorge, später auch im Schuldienst, wo sie oftmals führend wurden.

Die Benediktinerin und Mystikerin Hildegard von Bingen (1098–1179) war eine der wenigen Frauen des Mittelalters, die öffentlich predigten (Malerei im Kloster St. Hildegard in Rüdesheim).

Klöster der Renaissance

Unten: Die Gesamtanlage des ***Hieronymus-Klosters in Belém/Lissabon*** *ist 300 Meter lang; die Klosterkirche misst 90 Meter in der Länge und ihre Gewölbekuppeln erreichen eine Höhe von 25 Metern.*

Die späte Renaissance stand für die katholische Kirche ganz im Zeichen der Gegenreformation, der innerkirchlichen Erneuerung als Antwort auf die Reformation. Neue Orden – vor allem Jesuiten und Kapuziner – widmeten sich der Volksmission und demonstrierten durch Klöster mit aufwendigen Fassaden ihre Präsenz in den Städten.

Zahlreiche Reformer belebten das Kirchenleben, etwa die spanische Mystikerin, Heilige und Kirchenlehrerin Teresa von Ávila (1515–1582), die allein 17 Konvente der Unbeschuhten Karmelitinnen und zusammen mit dem befreundeten Mystiker Johannes vom Kreuz (1542–1591) insgesamt 32 Klöster gründete.

Ein neues Tätigkeitsfeld für die Orden bildete die Indiomission in der von Spanien und Portugal eroberten Neuen Welt; hier entstanden zahlreiche Klöster im spanischen Kolonialstil, etwa das Augustinerkloster von Yuriria in Mexiko.

Das vielleicht bedeutendste Zeugnis eines eigenen Baustils ist das 1500 vom portugiesischen König Manuel I. (reg.

1495–1521) gestiftete Hieronymus-Kloster (Mosteiro dos Jerónimos) in Lissabon. Der König mit dem Beinamen „der Glückliche" machte Portugal zu einer Weltmacht zur See und kreierte den Manuelinischen Stil, der spätgotische mit Elementen des Renaissancestils und maritimen Motiven – wie Ornamenten in Form von Schiffstauen – verband.

Die Gesamtanlage wurde 1502–1571 erbaut. Die 1544 fertiggestellte Klosterkirche mit ihrer reich verzierten Kalksteinfassade besitzt einen zweistöckigen Kreuzgang, an den sich ein mit Kacheln ausgekleideter Speisesaal anschließt; Manuels Sohn João III. (reg. 1521–1557) erweiterte sie um einen Chor. Am Portal finden sich Darstellungen des heiligen Hieronymus sowie der portugiesischen Könige und Seefahrer.

Bis 1834 war das Kloster, das 1807 beim Einmarsch der Truppen Napoleons schwer beschädigt wurde, Sitz des Ritterordens vom Heiligen Hieronymus. In der Krypta sind König Manuel I. und einige seiner Nachfolger bestattet – sowie portugiesische Entdecker, darunter Vasco da Gama (1469–1524).

Unten: Eine Statue der Ordensgründerin Teresa von Ávila vor dem ***Konvent der Heiligen Inkarnation (Santa Maria de la Encarnación) der Unbeschuhten Karmelitinnen in Ávila****, in dem Teresa lange Priorin war.*

Oben: Die Gestaltung des oberen Bereichs im Altarraum der Klosterkirche des ***Hieronymusklosters in Lissabon*** *ist ein Beispiel für den eigenständigen Manuelinischen Stil Portugals im Übergang von der Spätgotik zur Renaissance.*

Dominikanerklöster der Renaissance

Einer besonderen Förderung von Seiten der Herrscher erfreuten sich die Dominikaner – als geistige Speerspitze im Kampf gegen die spätmittelalterlichen Häresien. 1388 übergab ihnen König João I. von Portugal (reg. 1385–1433) das im Bau befindliche Kloster Santa Maria da Vitória (Heilige Maria vom Sieg) in Batalha.

Die dreischiffige Klosterkirche mit Querhaus und Kreuzgang an der Nordseite wurde bis 1437 vollendet. Der Kreuzgang mit Brunnenhaus erhielt um 1500 feingliedrige Arkadenbögen im Manuelinischen Stil; an seiner Ostseite liegt der Kapitelsaal mit einem stützenlosen Sternkuppelgewölbe, einem der gewaltigsten seiner Art im Spätmittelalter. Der für einen Bettelorden ungewöhnlich prunkvoll gestaltete Komplex erhielt um 1470 im Norden einen weiteren kleinen Kreuzgang im sonst schlichten und nüchternen Stil der Dominikaner.

Um 1426 begann der Bau der Grabkapelle (Capela do Fundador) für João I. und weitere Mitglieder des Königshauses. Sein Sohn Duarte (reg. 1433–1438) erweiterte das Areal um eine große, unvollendet gebliebene Kapelle (Capelas Imperfeitas); weitere Anbauten kamen bis ins 18. Jahrhundert hinzu.

Eine reiche Ausstattung erhielten auch die Missionsklöster der Dominikaner in der Neuen Welt – so etwa Santo Domingo in Lima (Peru) oder Santo Domingo de Guzmán in Oaxaca (Mexiko). Das Kloster Oaxaca wurde zwischen 1552 und etwa 1650 erbaut; bereits 1608 bezogen die schon seit beinahe 80 Jahren hier ansässigen Mönche das noch unfertige Gebäude, da ihr alter Konvent durch ein Erdbeben zerstört worden war.

Die Klosterkirche zeigt eine für die Renaissance typische wuchtige Fassade. Die Erdbebenregion erforderte eine solche gedrungene Bauweise; so wurde Oaxaca zwischen 1696 und 1999 von 22 teilweise heftigen Erdbeben erschüttert, die immer wieder die zahlreichen Kirchen und Konvente der Stadt beschädigten.

Der Dominikanerkonvent wurde 1857 aufgelöst, die Kirche anschließend als Kavalleriedepot und erst seit 1902 wieder als Kirche genutzt. 1938 wurde der Klosterkomplex an die Dominikaner zurückgegeben; seit 1993 dient er einem Museum mit Botanischem Garten.

*Das **Dominikanerkloster Batalha** wurde als Grablege des portugiesischen Königshauses für ein Bettelordenkloster ungewöhnlich reich und prachtvoll ausgestattet.*

Die Deckenkuppel der Klosterkirche Santo Domingo in Oaxaca; sie wölbt sich über der vergoldeten Altarwand mit einer Statue der Muttergottes.

*Die Klosterkirche **Santo Domingo in Oaxaca** besitzt eine massive Renaissancefassade mit einem 26 Meter hohen Eingangsportal, das von zwei 35 Meter hohen Türmen eingefasst wird – diese Bauweise sollte auch Erdbeben trotzen.*

Rechte Seite: Die 1601 fertiggestellte dreischiffige Basilika ***St. Salvator des Jesuitenkollegs Prag*** *besitzt im Innern eine Orgelempore (1625) und wurde 1638–1653 um weitere Emporen, eine Vorhalle und die Kirchenkuppel ergänzt.*

Klöster der Jesuiten in Europa und der Neuen Welt

Der Orden der Jesuiten war nicht nur Motor der katholischen Gegenreformation, sondern auch architektonisch wegweisend. Das Mutterhaus des Ordens, Il Gesù in Rom, entstand 1568–1584 (und wurde erstmals 1575 durch die Jesuiten bezogen) nach Plänen des italienischen Architekten Giacomo Barozzi da Vignola (1507–1573) und war in Aufbau und Fassadengestaltung richtungweisend für die Jesuitenkirchen im Übergang von der Renaissance zum Barock.

Das Langhaus hat ein Tonnengewölbe mit einer lichtdurchfluteten Vierungskuppel und niedrigeren, seitlich an das Langhaus angegliederten Kapellen; die Innengestaltung mit einem Zentralraum und Nebenbauten richtete sich an der neuen Liturgie des Konzils von Trient (1545–1563) aus. 1668–1673 wurde der Innenraum überwiegend in Gold barock ausgestaltet; das Deckenfresko des Langhauses zeigt die „Verherrlichung des Namens Jesu". Die Fassade ist deutlich in zwei Stockwerke gegliedert, während die Dächer der Seitenkapellen in Voluten (Zierspiralen) auslaufen.

1556 holte Kaiser Ferdinand I. (reg. 1558–1564) die Jesuiten auch in die Universitätsstadt Prag – als Gegengewicht zum Protestantismus, der sich in ganz Böhmen auf dem Siegeszug befand. Sie erhielten in der Prager Altstadt das Collegium Clementinum, das 1616 katholische Universität wurde. Die Kollegkirche St. Salvator wurde ab 1578 erbaut; dem Chor als ältestem Teil fügte sich 1601 die Basilika an.

Nach der Niederlage der Protestanten im Dreißigjährigen Krieg (1621) übertrug Kaiser Ferdinand III. den Prager Jesuiten die Karls-Universität, die 1654 mit dem Clementinum vereinigt wurde.

Kirche und Clementinum wurden zwischen 1653 und 1726 barock umgestaltet, das Areal bedeutend erweitert und mit einer großen Bibliothek und Sternwarte versehen; als Hort moderner Wissenschaft wurde es berühmt für seine ab 1775 regelmäßig durchgeführten und aufgezeichneten Wetterbeobachtungen.

Bei der Auflösung des Jesuitenordens 1773 kamen Kolleg und Kirche in staatliche Hand und wurden später der Karls-Universität zugeschlagen. Seit 2004 ist St. Salvator Sitz einer akademischen Pfarrei.

Aufbau der Fassade des Jesuiten-Mutterhauses Il Gesù in Rom, die für viele Kirchenfassaden zum Vorbild wurde (Modellzeichnung nach einem Foto).

Die Fassade des Mutterhauses ***Il Gesù in Rom*** *wurde stilbildend für Jesuitenkirchen; im Untergeschoss weist sie fünf korinthisch gestaltete Pilasterpaare (nichttragende Halbsäulen) auf, während das schmalere Obergeschoss nach oben in einen dreieckigen Giebel ausläuft.*

KOŚCIÓŁ
ŚW. ŚW. PIOTRA I PAWŁA
MSZE ŚWIĘTE
CHURCH
SAINTS PETER AND PAUL
MASS TIMES
KS. PIOTRA SKARGI
FOUCAULTA

Ein besonderes Augenmerk innerhalb Europas richteten die Jesuiten auf Polen, wo der Protestantismus Fuß gefasst hatte. Der jesuitische Gegenreformator und Wissenschaftler Piotr Skarga (1536–1612) wurde 1588 Hofprediger des polnischen Königs Sigismund III. und veranlasste ihn 1596 zur Stiftung der Jesuitenkirche St. Peter und Paul in Krakau; sie wurde bis 1635 vom Hofarchitekten Giovanni Trevano (gest. 1644) als erstes Bauwerk des Frühbarock in Krakau errichtet – nach dem Vorbild des römischen Mutterhauses Il Gesù.

Besonders in den von Spanien verwalteten Gebieten der Neuen Welt wurde der Jesuitenorden ab dem 16. Jahrhundert bis zu seiner Vertreibung 1767 bei der Indianermission führend. In Cusco in Peru wurde die Konventskirche La Compañía de Jesús ab 1571 zentral, gegenüber der Kathedrale errichtet; sie war 1650 bei einem schweren Erdbeben zerstört worden und wurde bis 1668 mit einer imposanten Doppelturm-Fassade neu errichtet. Im Innern entfaltet sie mit ihren von Blattgold überzogenen Hauptaltären (1670, Baumeister war Diego Martínez de Oviedo) einen besonderen Glanz, der das Sonnenmotiv der Indios aufnimmt. 1585 kamen die Jesuiten auch nach Córdoba in Argentinien und erhielten hier 1599 einen Häuserblock (Manzana de los Jesuitas); dort errichteten sie mit mehreren Konventen und Kirchen sowie einer Universität (1613) das Zentrum ihrer Mission entlang des „Jesuitenweges", einer Reihe von Niederlassungen in der Region Córdoba.

1590 kamen auf Wunsch der Einwohner Benediktinermönche nach Rio de Janeiro in Brasilien und gründeten das Kloster São Bento mit der 1617–1669 errichteten Kirche Nossa Senhora de Montserrat. Bei der Kirche fällt der starke Kontrast zwischen der eher schlichten Fassade und dem im 18. Jahrhundert mit Kapellen, Holzschnitzereien und Goldeinlegearbeiten prächtig ausgestalteten Innern auf. Zu der bis 1880 mehrfach erweiterten Klosteranlage gehören heute neben verschiedenen Sozialeinrichtungen die theologische Hochschule der Benediktiner in Brasilien sowie ein eigener Verlag.

*Linke Seite: Die **Jesuitenkirche St. Peter und Paul in Krakau;** vor dem Eingang wurden im 18. Jahrhundert spätbarocke Skulpturen der 12 Apostel aufgestellt. In der Kirchenkrypta ruht der Prediger Piotr Skarga.*

*Im **Benediktinerkloster São Bento in Rio de Janeiro,** dem drittältesten Kloster auf dem amerikanischen Kontinent, leben heute etwa 45 Mönche.*

*Oben: Die Kirche La Compañía de Jesús des **Jesuitenkollegs von Cusco** mit Doppelturm-Fassade; ein Gemälde in ihrem Innern zeigt die Hochzeit des Neffen von Ignatius von Loyola mit der Nichte des letzten Inkaherrschers Tupac Amaru 1572.*

*Ganz Oben: Das Bild zeigt den zweiten Innenhof der **Jesuitenniederlassung von Santa Catalina** in Argentinien, eine Filiation des jesuitischen Zentrums in der Stadt Córdoba.*

Das ehemalige, später barock ausgestaltete ***Franziskanerkloster in Pilsen*** *ist heute Diözesanmuseum und beherbergt im Kreuzgang plastische Bildwerke aus Gotik, Renaissance und Barock.*

Renaissance-Klöster der Franziskaner und Kapuziner

Oberhalb von Locarno liegt der Wallfahrtsort Madonna del Sasso. Seine Gründung geht auf eine Marienerscheinung des Eremiten und Franziskanerbruders Bartolomeo Piatti d'Ivrea im Jahre 1480 zurück. 1485–1487 wurden auf dem Berg die Kapellen St. Maria Avvocata und Pietà sowie ein kleiner Franziskanerkonvent (Casa del Padre) errichtet, der bald zur Klosteranlage ausgebaut wurde.

1502 wurde am Fuß des Berges eine Verkündigungskirche (St. Maria Annunciata) erbaut, von der ein Fußweg über 12 Stationen der Passion Christi auf den Berg führt. Die Avvocata-Kapelle wurde 1616 zur Kirche St. Maria Assunta (genannt Madonna del Sasso) erhoben.

Nach seinem Niedergang wurde der Konvent 1848 aufgehoben und die gesamte Anlage 1852 den Kapuzinern übertragen; sie ließen den Wallfahrtskomplex 1890 sowie zwischen 1912 und 1984 mehrfach erweitern und restaurieren.

Der Wallfahrtsort Altötting ist heute eng mit den Kapuzinern verbunden. Nach der Säkularisation in Bayern 1802 wurden etwa 150 Kapuzinermönche im 1654 vom Regensburger Fürstbischof gestifteten Franziskanerkloster St. Anna zur Betreuung der Wallfahrer angesiedelt. Hier trat 1849 der 1934 heiliggesprochene Kapuzinerbruder Konrad von Parzham (1818–1894) ein und versah 41 Jahre lang den Pförtnerdienst; nach ihm wurden die Klosterkirche (1953) und das Kloster (1961) in St. Konrad umbenannt.

Zugleich erhielten die Kapuziner die ab 1593 errichtete Jesuitenkirche St. Magdalena, die 1697–1700 von dem Jesuitenbruder Thomas Troyer barock ausgestaltet und mit prächtigen Seitenaltären (1712/13) und einem Hochaltar (1795) versehen wurde.

Mit der Gründung der Stadt Pilsen entstand 1295 auch das dortige Franziskanerkloster. Als die Stadt 1417 Zentrum der Hussiten, 1420 wieder katholisch und bis 1434 von den Hussiten belagert wurde, wurde auch das Kloster zweimal niedergebrannt und wieder aufgebaut. Die Klosterkirche St. Maria besitzt noch einen spätgotischen Kreuzgang und die mit Fresken ausgekleidete Barbara-Kapelle aus dem 15. Jahrhundert.

Links: Die Kapuzinerkirche ***St. Magdalena und die Gnadenkapelle in Altötting:*** *Die Gnadenkapelle mit der „Schwarzen Madonna" birgt in ihrem Umlauf über 2000 Votivtafeln; die Wallfahrt geht auf die wundersame Erweckung eines tot geglaubten Kindes im Jahre 1489 zurück.*

Rechte Seite: Der oberhalb von Locarno und dem Lago Maggiore gelegene ursprünglich franziskanische ***Klosterkomplex Madonna del Sasso*** *veränderte seine anfängliche Schlichtheit, als die Assunta-Kirche 1890 eine Fassade im Neo-Renaissancestil erhielt.*

Die Mumie eines Priesters im Ornat aus dem „Korridor der Priester“ in den ***Kapuzinerkatakomben von Palermo.***

Der Totenkult der Kapuziner

Eine besondere, heute möglicherweise makaber anmutende Erscheinung im Übergang von der Renaissance zum Barock war der vor allem vom Kapuzinerorden gepflegte Totenkult: Die Mönche sammelten die Gebeine ihrer verstorbenen Mitbrüder und drapierten sie zu regelrechten Kunstwerken; die Bedeutung dessen lag in einer sinnlichen Darstellung der Vergänglichkeit alles Irdischen und war als Mahnung (lat. memento mori: Bedenke deine Sterblichkeit) an die Lebenden gedacht.

Besonders eindrucksvoll wurde dies in der 1626–1631 erbauten Kapuzinerkirche Santa Maria della Concezione dei Cappuccini in Rom praktiziert; der Kapuzinerkardinal Antonio Barberini (1569–1646), Bruder des Papstes Urban VIII. (reg. 1623–1644), ließ für die Krypta der Kirche ab 1628 die Gebeine seiner verstorbenen Ordensmitbrüder zusammentragen; bis 1870 wurden die Knochen von über 4000 Mönchen zu Kunstwerken geschichtet, dabei auch vollständige Skelette im Ordenshabit aufgestellt. Die nur mit wenigen Lampen gedämpft beleuchtete Krypta gliedert sich in fünf Kapellen; ihre Stimmung inspirierte Schriftsteller im 18. und 19. Jahrhundert (so Marquis de Sade, Mark Twain, Nathaniel Hawthorne) zu literarischen Bearbeitungen.

Ähnlich verfuhren die Kapuziner auch in der Gruft der ab 1651 erbauten Kapuzinerkirche des Heiligen Kreuzes in Brünn (Brno/Tschechien), wo verstorbene Ordensbrüder im Habit liegend zu sehen sind. Die wohl bekanntesten Kapuzinerkatakomben befinden sich in Palermo, unter dem ab 1534 errichteten ersten Kapuzinerkloster auf Sizilien. 1599 wurden die Grabgewölbe unterhalb des Hauptaltars der Klosterkirche ausgehoben und hier bis 1670 hauptsächlich Mönche, später (bis 1881) auch Einwohner Palermos in nach Gruppen geordneten Korridoren (für Mönche, Priester, Männer, Frauen, Berufsgruppen) drapiert und aufgestellt.

Die Mönche mumifizierten die Toten zunächst in Trockenkammern aus Tuffstein, der dem Körper die Flüssigkeiten entzog, sodann in der Sonne, um sie anschließend in Amtstrachten festlich zu kleiden. Von angeblich insgesamt 8000 Mumien sind heute noch 1200 zu sehen, darunter die erste, 1599 hier aufgestellte des Kapuzinermönchs Fra Silvestro da Gubbio.

Rechte Seite: Die kunstvoll drapierten Mönchsgebeine an der Stirnseite der zweiten Kapelle in der Krypta von ***Santa Maria della Concezione dei Capuccini in Rom.*** *Eine Tafel mahnt die Lebenden: „Was Du heute bist, waren wir einst. Was wir heute sind, wirst Du bald sein.“*

Totenkult: Das Bild aus den 1950er-Jahren zeigt einen Kapuzinermönch beim Abstauben der Gebeine seiner Mitbrüder in Santa Maria della Concezione.

Klöster des Barock

Das Zeitalter des Barock und des anschließenden Rokoko zeigt viele Klöster und Orden auf dem Höhepunkt ihrer Macht und ihres Reichtums. Imposante Klosterkirchen wurden vor allem im Innenbereich mit prunkvollen Haupt- und Seitenaltären, riesigen Decken- und Altargemälden sowie detailreichen Schnitzwerken und Figurengruppen ausgestattet. Der barocke Katholizismus pflegte eine sinnenfrohe Selbstdarstellung mit großer Geste und starker Symbolik.

Benediktinerabteien des Barock

Das 741 vom Bayernherzog Odilo gegründete und St. Mauritius geweihte Kloster Niederaltaich erlangte nach dem Dreißigjährigen Krieg (1618–1648) einen bedeutenden wirtschaftlichen Aufschwung, der in der nachfolgenden Ge-

neration Abt Joscio Hamberger (reg. 1700–1739) den vollständigen barocken Umbau der Klosteranlage ermöglichte; vor allem die dreischiffige gotische Klosterhallenkirche wurde in einen lichtdurchfluteten Barockbau verwandelt. Das 1803 aufgehobene Kloster wurde 1918 von Benediktinern wiederbesiedelt und ist seit 1949 wieder eigenständige Abtei. Das oberhalb der Donauschlinge bei Kelheim gelegene Kloster Weltenburg wurde 617 als ältestes Kloster Bayerns von irischen Mönchen gegründet. Trotz mehrfacher Plünderungen (zuletzt im Dreißigjährigen Krieg) erlebte Weltenburg zu Beginn des 18. Jahrhunderts einen Aufschwung. Abt Maurus I. Bächl (reg. 1713–1743) gab die Neuerrichtung der gesamten Klostergebäude im Barockstil in Auftrag. Die von den Gebrüdern Asam 1716–1739 gestaltete Klosterkirche St. Georg gliedert sich in Vorhalle, Hauptraum – eine Ellipse mit offener Kuppel, die von acht Marmorsäulen getragen wird – und einen rechteckigen Altarraum (Presbyterium). Das 1803 säkularisierte Kloster wurde 1842 wieder besiedelt und 1913 selbstständige Abtei.

Das 1330 von Kaiser Ludwig dem Bayern gestiftete Kloster Ettal wurde nach weitgehender Zerstörung der Klosterkirche durch Blitzschlag (1744) im Stil des Hochbarock neu errichtet – durch die in der bayerischen Klosterarchitektur führende Wessobrunner Schule. 1803 aufgehoben, wurde Ettal 1900 von Benediktinern erneut besiedelt und ist seit 1907 wieder Abtei.

Die im Stil des Hochbarock durch die Wessobrunner Schule von dem Baumeister und Stukkateur Joseph Schmuzer (1683–1752) gestaltete ***Klosterkirche von Ettal****.*

Links: Das immer wieder durch Donauhochwasser bedrohte ***Kloster Weltenburg****; die barocke Klosterkirche ist auf beeindruckende Hell-Dunkel-Kontraste angelegt und besitzt im Hauptraum das berühmte Deckengemälde „Die Verklärung der Kirche" von Cosmas Damian Asam, 1721.*

Linke Seite: Die barocke ***Klosterkirche von Niederaltaich****; das Mittelschiff wurde mit mächtigen Pfeilern, Deckengemälden, vergoldetem Schnitzwerk und einem Hochaltar ausgekleidet.*

*Linke Seite: Das Deckenfresko der Kaiserstiege im **Stift Göttweig** ist ein Höhepunkt des barocken Herrscherkultes: Der Maler Paul Troger stellte 1739 Kaiser Karl VI. (reg. 1711–1740) als Gott Helios-Apollon im Sonnenwagen mit Musengefolge dar.*

*Links: Der vergoldete Hochaltar der **Klosterkirche Melk** zeigt in der Mitte die goldenen Statuen von Petrus und Paulus, wie sie vor der Hinrichtung voneinander Abschied nehmen; über ihnen die goldene Krone des Martyriums, Triumph des Glaubens.*

*Rechts: Die nach dem Brand 1738–1746 errichtete Westfassade der **Klosterkirche St. Petrus und Paulus in Melk** weist bereits Stilelemente des Rokoko auf; zwischen den Türmen der von zwei Engeln flankierte auferstandene Christus.*

Einer besonderen Förderung durch die Habsburger-Kaiser erfreuten sich die österreichischen Barockklöster. Das 1083 durch Bischof Altmann von Passau gegründete Stift Göttweig etwa kam 1094 an die Benediktiner und wurde 1401 selbstständig. Aus dem 12. Jahrhundert sind noch das Langhaus der Kirche und die Burg der Anlage, aus dem 15. Jahrhundert der spätgotische Chor der Klosterkirche mit Krypta und der Kreuzgang erhalten.

Nach zwei Bränden (1580 und 1718) erfolgte unter Abt Gottfried Bessel (reg. 1714–1749) der vollständige Neubau nach Plänen des berühmten Barockbaumeisters Johann Lucas von Hildebrandt (1668–1745), die jedoch nur zu zwei Dritteln verwirklicht wurden. Die Klosterkirche – deren Fassade 1750 fertiggestellt wurde und deren Langhaus acht Seitenkapellen besitzt – hatte bereits 1639 einen Hochaltar, Kanzel und Orgelprospekt erhalten; das große Altargemälde von 1694 zeigt „Mariä Aufnahme in den Himmel“. Abt Gottfried Bessel war auch Rektor der Wiener Universität, und so wurde Göttweig in seiner Zeit zum Zentrum bedeutender Forschungen zu Literatur, Geschichte und Naturwissenschaften.

Das 1089 über der Donau errichtete Stift Melk wurde bereits 1122 selbstständig und von den Babenberger-Herzögen Österreichs – die in Melk ihre Grablege hatten – reich ausgestattet. Die bedeutende Bibliothek wurde jedoch, wie Kloster und Kirche, 1297 durch einen Brand zerstört. Unter Abt Nikolaus Seyringer (reg. 1418–1425) wurde das Kloster Zentrum der auf strengere Klosterzucht bedachten Melker Reform und erlebte ab 1580 einen wirtschaftlichen Aufschwung.

Abt Berthold Dietmayr (reg. 1700–1739) veranlasste einen barocken Neubau unter der Leitung des Baumeisters Jakob Prandtauer. Mit einer Hauptachse von 320 Metern entstand die größte barocke Klosteranlage Österreichs; nach einem Brand 1738 wurde sie sofort neu erbaut. Durch Torbogen und Benediktihalle gelangt man auf den trapezförmigen Prälatenhof, an den sich im Südwesten über die Kaiserstiege der imposante Kaisertrakt mit Marmorsaal anschließt.

Die gewaltige Gesamtanlage von Kloster Melk mit der Klosterkirche (Zeichnung nach einem Holzmodell).

Das Gewölbe des als eigener Kosmos gestalteten Hauptraums der ***Klosterbibliothek von Metten*** *wird von paarweise angeordneten Atlanten „getragen"; in den Nebenräumen verrichten Engel diese Aufgabe.*

Die einheitlich goldbraun gebundenen und beschrifteten Bücher der ***Klosterbibliothek von Melk;*** *die Bibliothek erstreckt sich über zwei Stockwerke.*

Der Schatz der Klöster: die Bibliotheken

Bereits die Schreibschulen der frühen Klöster waren ein Hort der Wissenschaft und Bücherkunst; hier wurden Handschriften abgeschrieben, übersetzt und äußerst kunstvoll illustriert. Bis zum Aufkommen der Universitäten im Spätmittelalter waren die Büchersammlungen der Klöster die bedeutendsten Bibliotheken des Abendlandes.

In der Neuzeit wandten sich die Mönche neben der Theologie, Philosophie, Literatur und Geschichte verstärkt auch den Naturwissenschaften (wie Geologie, Tier- und Pflanzenkunde) sowie einer systematischen Kartographierung der umliegenden Gebiete zu. In den großen Barockklöstern wurde die aufwendige Gestaltung der Klosterbib-

liotheken zur zweitwichtigsten Baumaßnahme (nach den Klosterkirchen). Allegorische Bilderfolgen in Fresken und Skulpturen feierten die Vereinigung von Glaube und Wissenschaft unter einem Dach; damit betonten die Klöster, dass – bei allem Vorrang des Glaubens – zwischen beiden Bereichen kein Widerspruch existierte.

In der Benediktinerabtei Metten wurde 1722–1726 die Bibliothek als Hauptraum mit zwei Nebenräumen gestaltet und als „Tempel der Weisheit" allegorisch ausgekleidet; das Deckenfresko des Hauptraumes feiert den Vorrang der göttlichen Offenbarung vor aller menschlichen Wissenschaft. Mit knapp 200 000 Büchern besitzt Metten eine der größten Klosterbibliotheken überhaupt. Die zwei Haupträume der Bibliothek von Melk stellen in Deckenfresken von Paul Troger den Glauben und die vier Kardinaltugenden dar: Frömmigkeit, Enthaltsamkeit, Tapferkeit und Gerechtigkeit. Im Bestand der rund 100 000 Bücher – mit 1800 Handschriften aus dem 9. Jahrhundert und 750 Inkunabeln (vor 1500 entstandene Erstdrucke) – entdeckte man 1997 das Fragment einer Abschrift des Nibelungenliedes aus dem 13. Jahrhundert. Die Benediktinerabtei Admont beherbergt 200 000 Bücher, darunter 1400 Handschriften aus dem Mittelalter, und besitzt den größten Hauptsaal einer Klosterbibliothek weltweit (70 x 14 Meter); er ist von sieben Kuppeln überwölbt, und seine Skulpturen stellen die „vier letzten Dinge" (Tod, Jüngstes Gericht, Himmel, Hölle) dar. Die Deckenfresken feiern die göttliche Offenbarung und die Stufen der menschlichen Erkenntnis.

Der 1776 fertiggestellte und als „achtes Weltwunder" bestaunte dreigliedrige Hauptsaal der weltweit größten ***Klosterbibliothek von Admont*** *mit seinen 48 Fenstern atmet das Licht einer Verbindung von Glaube und Aufklärung.*

*Die **Stiftsbibliothek von Zwettl** wurde 1730–1732 von Joseph Munggenast (1680–1741) erbaut und opulent mit Deckenfresken von Paul Troger ausgekleidet. Munggenast ist der Baumeister der gesamten Barockanlage des Stiftes Zwettl.*

Zisterzienserklöster des Barock

Das Stift Zwettl im niederösterreichischen Waldviertel wurde 1138 durch den Grafen Hadamar I. von Kuenring gegründet und mit Zisterziensern aus dem Stift Heiligenkreuz besiedelt. Es ist das drittälteste der ununterbrochen bis heute bestehenden Zisterzienserkloster in der Welt.

Die Stiftskirche wurde 1159 geweiht; aus der Frühzeit stammen auch der romanische Kapitelsaal mit Säulen und das frühgotische Brunnenhaus. Erhalten ist auch der romanische Kreuzgang um den Hof mit einer Gartenanlage, die das Paradies symbolisiert. Später kamen weitere Gärten wie der Terrassen- und der Prälatengarten hinzu, in denen bis heute exotische Pflanzen gezüchtet werden. Die alte Klosteranlage wurde 1427 in den Hussitenkriegen weitgehend zerstört.

Im 18. Jahrhundert wurde das Stift mit Kirche und Bibliothek komplett barock überbaut, auch der 82 Meter hohe Turm der Klosterkirche erhielt eine neue Fassade. Bis heute unterhält sich das Kloster durch ausgedehnte Land- und Forstwirtschaft sowie Fischzucht.

Die Abtei Zirc bei Veszprém wurde 1182 vom ungarischen König Bela III. gestiftet, der Zisterziensermönche aus Clairvaux holte. Zirc entwickelte sich zu einem der bedeutendsten Klöster Ungarns, wurde jedoch 1526 in den Türkenkriegen zerstört und verfiel anschließend.

1699 wurde es den Zisterziensern im schlesischen Heinrichau unterstellt, die es neu besiedelten und in Per-

sonalunion verwalteten. Bereits 1712 war es wieder ein Zentrum des ungarischen Klosterlebens.

Ab 1732 wurde die barocke Abteikirche mit prächtiger Innenausstattung gestaltet und erhielt eine berühmte Egedacher-Orgel. Bereits ab 1726 wurden neue Klostergebäude mit einer bedeutenden naturwissenschaftlichen Bibliothek geschaffen: Hier erforschten und beschrieben die Mönche systematisch die Landschaft des Bakonywaldes. 1814 wurde Zirc wieder eine selbstständige Abtei, in der Folgezeit mit drei anderen Klöstern vereinigt, und betrieb fünf Gymnasien. 1945 floh ein Teil der Mönche in die USA (1956 Klostergründung in Dallas, Texas) und Zirc wurde 1950 aufgehoben. Seit 1989 ist es wieder von Zisterziensern besiedelt.

Die neu gestaltete barocke Stiftskirche der ***Zisterzienserabtei Zirc****, einem Zentrum des mönchischen Geisteslebens in Ungarn; sie wurde 1732–1752 erbaut.*

Ein Blick auf die barocke Fassade der 1722–1727 erbauten ***Stiftskirche von Zwettl****; hier befindet sich eine Orgel des berühmten Orgelbauers Johann Ignaz Egedacher (1675–1744).*

Das mit Stuckwerk und Deckenfresken reich ausgekleidete Innere der ***Klosterkirche von Wilten*** *wirkt durch ein Zusammenspiel von schwarz lackierten Holzarbeiten und weißen Gewölben.*

Links: Der von Johann Ignaz Palliardi (1737–1824) gestaltete „Philosophische Saal" der Bibliothek des ***Klosters Strahov****. Hierher wurden die Bestände des 1784 aufgehobenen Prämonstratenserklosters Louka (Znojmo/Tschechien) überführt.*

Rechte Seite: Die neben dem Kloster Wilten gelegene Basilika Unserer Lieben Frau unter den Vier Säulen wurde 1751–1756 im Stil des Rokoko neu erbaut. Die Wallfahrtskirche wird bereits seit 1140 von den Prämonstratensern von Wilten betreut.

Prämonstratenserklöster des Barock

Das Prämonstratenserstift im Innsbrucker Stadtteil Wilten wurde um 1138 von Bischof Reginbert von Brixen errichtet; der Legende nach geht seine Gründung jedoch auf den von einem Mönch bekehrten Riesen und Drachentöter Haymon (um 880) zurück, dessen über fünf Meter hohe Statue in der Vorhalle der Klosterkirche steht.

Die ursprüngliche Stiftskirche – eine dreischiffige romanische Pfeilerbasilika mit Chor und Krypta – wurde um 1300 frühgotisch überbaut. Nachdem der Einsturz eines Turmes die Kirche 1644 zerstört hatte, erfolgte unter Abt Dominikus Löhr (reg. 1651–1687) der barocke Neubau durch Hofbaumeister Christoph Gumpp (1600–1672); die Kirche wurde 1665 geweiht und der Nordturm 1667 fertiggestellt, während der Südturm durch den Tod Gumpps unvollendet blieb. Das Kircheninnere wurde ab 1702 mit einem großen Hochaltar und Fresken in Langhaus und Seitenkapellen prächtig ausgestaltet; die Vorhalle erhielt 1707 ein kunstvoll gearbeitetes schmiedeeisernes Gitterwerk.

Das Kloster Strahov im Prager Stadtteil Hradčany wurde 1140 vom Böhmenherzog Vladislav II. (reg. 1140—1174) gestiftet und mit Mönchen aus dem Eifelkloster Steinfeld besiedelt. Nach der Zerstörung durch einen Brand 1258 wurde es neu erbaut, ab dem 15. Jahrhundert jedoch in mehreren Kriegen schwer beschädigt.

Die romanische Klosterkirche Mariä Himmelfahrt von 1148 wurde nach 1258 um Querschiff und Seitenkapellen gotisch erweitert, ab 1582 im Renaissancestil umgebaut und später komplett barock umgestaltet. Der schwere Beschuss im österreichischen Erbfolgekrieg 1740/41 machte einen letztmaligen Neubau erforderlich: Baumeister Anselmo Lurago errichtete die Fassadentürme (1742–58) und teilte das Kirchengewölbe 1743 in 40 Felder (Stuckkartuschen), die mit Szenen aus dem Leben Mariens ausgemalt wurden.

Die bedeutende Klosterbibliothek besteht aus zwei Hauptsälen: Der 1661–1679 erbaute und 1721 erweiterte Theologische Saal beherbergt die eigentlichen Handschriften- und Bücherbestände des Klosters, während der 1783–1790 erbaute Philosophische Saal die Bestände von Klosterbruck (Kloster Louka in Znojmo/Tschechien) aufnahm.

Jesuitenkirchen und -Missionen des Barock

Die spätbarocke Jesuitenkirche von Mannheim, heute Sitz des dortigen Dekanats, wurde 1733–1756 als Hofkirche durch die in Mannheim residierenden katholischen Kurfürsten Carl Philipp und Carl Theodor von der Pfalz errichtet und 1760 den Jesuitenheiligen Ignatius von Loyola und Francisco de Xavier (Franz Xaver, 1506–1552) geweiht.

Auffallend ist neben der Doppelturmfassade aus rotem Sandstein die 75 Meter hohe, den Bau fast wie ein Turm überragende Vierungskuppel. Zur Innenausstattung wurden berühmte Künstler verpflichtet: Der 20 Meter hohe Hauptaltar aus Marmor sowie sechs der Seitenaltäre mit Szenen aus Heiligenleben wurden von dem 1752 zum Hofbildhauer berufenen Peter Anton von Verschaffelt (1710–1793) gestaltet, die Ausmalung der Kirche dem berühmten Barockmaler Egid Quirin Asam (1692–1750) übertragen. Asam malte die Vierungskuppel mit Szenen aus dem Leben des Ordensgründers Ignatius aus und das Langhaus mit einem 400 Quadratmeter großen Deckenfresko über die Indienreise des Missionars Franz Xaver; während dieser Arbeit verunglückte Asam im April 1750 tödlich.

1692 kam der Jesuitenmissionar Eusebio Francisco Kino (1645–1711) von Mexiko nach Bac, nahe des heutigen Tuscon (Arizona/USA), ins Gebiet des uto-aztekischen Indianerstammes der Tohono O'Odham; seine freundliche und einfühlsame Art half ihm, dort 20 Indianermissionen zu errichten. 1700 begann er mit dem Bau der Missionsstation San Xavier del Bac, benannt nach dem jesuitischen Asienmissionar Francisco de Xavier. 1768 wurde die Mission den Franziskanern übergeben, die sie bis heute betreuen. 1783–1797 errichteten Indianer unter Anleitung der Patres die Missionskirche mit Seitenkapellen, einem berühmten Altaraufsatz sowie Wandgemälden in indianischem und mexikanischem Stil; die Kirche gilt als gelungenstes Beispiel für Missionsarchitektur in den USA. Die Wandgemälde erlitten in den 1980er-Jahren heftige Wasserschäden und wurden anschließend von internationalen Experten und indianischen Künstlern mit überlieferten Originalmaterialien vollständig restauriert.

Linke Seite: Die heute von Franziskanern geleitete und als „Weiße Taube der Wüste" bezeichnete ***Jesuitenmission San Xavier del Bac*** *bei Tucson/USA.*

Unten rechts: Indianer gestalteten die Wandmalereien – wie hier im Querschiff – der ***Missionskirche von San Xavier del Bac****. Die Innenauskleidung mit ihren leuchtenden Farben verbindet indianische mit mexikanischen Stilelementen.*

Oben rechts: Doppelturmfassade und Vierungskuppel der ***Jesuitenkirche Mannheim****; der Hofbildhauer Paul Egell (1691–1752) gestaltete die Giebelreliefs und die Darstellung der vier Kardinaltugenden an der Fassade sowie im Innern die berühmte „Silbermadonna im Strahlenkranz" (1747).*

Die Statue der Namensgeberin und Schutzpatronin auf dem Altar der **Missionskapelle von Santa Barbara;** die beiden Kirchtürme stürzten bei einem Erdbeben 1925 ein, wurden jedoch 1927 wieder errichtet.

Franziskanerklöster und -Missionen des Barock

Kloster und Klosterkirche Mariä Verkündigung in Ljubljana wurden 1646–1660 erbaut – zunächst für den Augustinerorden, doch 1784 übernahmen die Franziskaner den Komplex und unterhalten ihn bis heute. Die rosa gehaltene Fassade der einschiffigen Klosterbasilika mit zwei Türmen wurde 1700 fertiggestellt und erinnert mit ihrer deutlichen Teilung in zwei Geschosse und dem Dreiecksgiebel, der in große Valuten ausläuft, an Jesuitenkirchen. Den Giebel krönt eine Bronzestatue der Maria.

Das mit Fresken und Seitenkapellen barock gestaltete Kircheninnere erhielt 1738 einen großen Hauptaltar des Bildhauers Francesco Robba (1698–1757); das Altarbild des deutschen Malers Andreas Herrlein (1738–1817) zeigt „Die Heiligen Drei Könige". Mitte des 19. Jahrhunderts wurde die gesamte Kirche durch den Maler Matevž Langus (1792–1855) ausgemalt, jedoch durch ein Erdbeben 1895 schwer beschädigt. Die Neugestaltung der Kirchendecken-Fresken erfolgte 1935/36 durch den impressionistischen Maler Matej Sternen (1870–1949).

Als der Franziskanermissionar Fermin Lasuén (1736–1803) 1785 Präsident der Franziskaner-Missionen in Kalifornien geworden war, gründete er am Festtag der Heiligen Barbara (4. Dezember) des Jahres 1786 die Franziskanermission von Santa Barbara im Gebiet der Chumash-Indianer; sie war die erste von neun Missionen, die Lasuén bis 1798 gründete. Die Mission verfügt über ausgedehnte Bewässerungsanlagen mit zwei (1806 angelegten) Wasserreservoirs, einem Damm, einer Kornmühle, Gerbbottichen und Keramikbrennöfen. Die ursprüngliche Missionskapelle wurde mehrfach erweitert, erhielt ihre heutige Gestalt aber erst 1820 – mit dem Neubau, der nach der Zerstörung durch ein großes Erdbeben 1812 erfolgte. Als Mexiko 1833 die Säkularisierung der Missionen im südlichen Kalifornien verfügte, wurde Santa Barbara zum Hauptsitz der kalifornischen Franziskanermissionen; mit der Aufbewahrung von über 3000 Handschriften entstand hier auch die älteste Bibliothek Kaliforniens, die bis heute von den Patres verwaltet wird.

Die mit Pilastern, Dreiecksgiebel und Valuten gestaltete Fassade der **Franziskanerkirche in Ljubljana** (Slowenien) bei Nacht, überragt von der Statue der Muttergottes.

Unten: Die ***Missionsstation Santa Barbara*** *(Kalifornien/ USA). 1840 wurde sie Sitz eines eigenen Franziskanerbischofs für Kalifornien und die Kapelle zur Prokathedrale erhoben. Daher durfte sie zwei gleiche Türme besitzen, was damals nur Kathedralen zustand.*

Rechts: Die Gesamtanlage der Missionsstation Santa Barbara mit Missionskirche und angeschlossenen Gebäuden (Zeichnung nach einem Holzmodell).

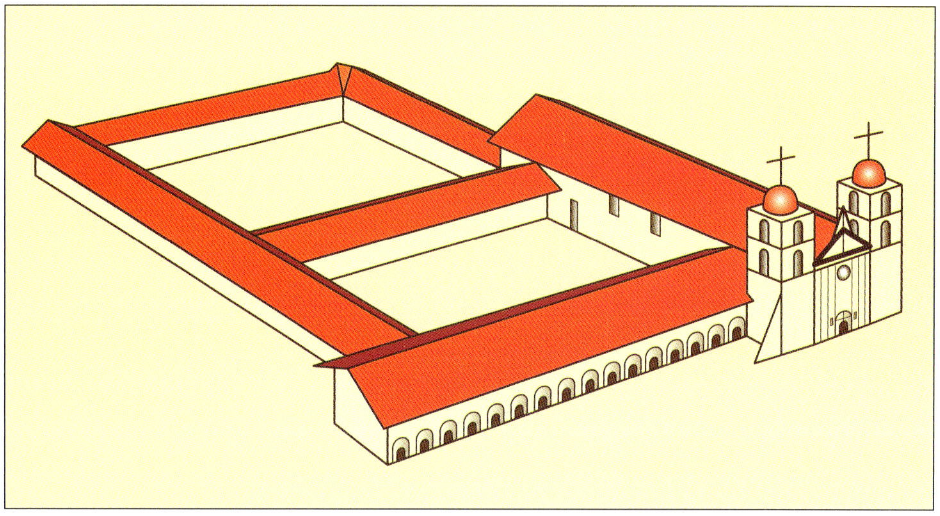

Barocke Klosterpracht – der Wille zum Gesamtkunstwerk

Vor allem im Raum Süddeutschland und Österreich ist die Klosterarchitektur bis heute vom Barock geprägt: Nahezu alle bedeutenden Klöster wurden barock neu erbaut oder überbaut. Barocke Klöster und Kirchen verstehen sich als harmonisches und bildgewaltiges Gesamtkunstwerk, weshalb besonderer Wert auf die Innengestaltung der Klosterkirchen durch eine unendliche Vielfalt an Bildern, Formen und Lichtverhältnissen gelegt wurde. Es galt, den Betrachter zu faszinieren – aus der kämpferischen Kirche der Gegenreformation (lat. *ecclesia militans*) wurde die triumphierende Kirche des Barock (*ecclesia triumphans*).

Nicht von ungefähr entwickelte der Barock die Konzeption vom großen Welttheater (*theatrum mundi*). Bühneneffekte und optische Illusionen wie Scheingewölbe, Lichtspiele und Himmelsdarstellungen dienen der Überführung aus der diesseitigen Welt in das Jenseitige und Ewige; wie die dargestellten Heiligen sollte auch der Mensch zwischen den Welten schweben.

Imponieren will das Barock vielfach zudem durch schiere Größe – durch gewaltige Ausmaße der Kirchengewölbe, Altäre, Altarbilder und vor allem Deckenfresken. Die Altarbilder zeigen Heilige in oftmals sehr bewegten Szenen, auch die Skulpturen haben alles Statische verloren und scheinen in Gebärden direkt zum Betrachter zu sprechen.

Besonders Spätbarock und Rokoko brachten mit spielerisch-leicht wirkenden Stuckarbeiten und Zierelementen den Klosterkirchen einen oft überwältigenden Detailreichtum. Hervorzuheben ist gleichfalls das Spiel mit dem Licht durch effektvolle Hell-Dunkel-Kontraste oder Kompositionen mit verschiedenen Farben: Zur Darstellung des kirchlichen Triumphes werden die Farben gold, weiß und himmelblau bevorzugt eingesetzt. Die Holzaufbauten der Altäre und Kanzeln sind in geschmeidigen Formen und gediegenen, warmen Tönen gehalten. Bei den Gemälden und Fresken der barock gestalteten Kloster- und Bibliotheksräume findet sich thematisch oft eine Mischung aus christlichen Themen und solchen der antiken Mythologie.

Die 1714 mit dem Bibliothekstrakt gestaltete Sakristei des ***Klosters Ettal*** *überstand den Brand von 1744 unbeschadet und beherbergt 13 Paramentschränke (1725–1730) mit Intarsienarbeiten, für liturgische Gewänder.*

Die im Stil des Hochbarock und Rokoko gestalteten Altäre der ***Klosterkirche von Ettal;*** *Seitenaltäre und Kanzel wurden 1757–1765 von dem führenden Rokokobildhauer Johann Baptist Straub (1704–1784) gestaltet.*

Das Innere der ***Klosterkirche von Weltenburg*** *wurde von den Gebrüdern Cosmas Damian und Egid Quirin Asam gestaltet, die mit ihrer Zusammenführung von Raumarchitektur, Lichtführung, Malerei und Plastik ein vollendetes Gesamtkunstwerk schufen.*

Klöster des 19. Jahrhunderts

Gebäude und Klosterkirche der **Abtei Mariawald** in der Eifel, des einzigen Trappisten-Mönchsklosters in Deutschland.

Im 19. Jahrhundert – einem Zeitalter der gesellschaftlichen Umbrüche und Modernisierungen – entwickelten Ordensleben und Klosterarchitektur Formen, welche die Ideale früherer Zeiten neu belebten; im Zuge dessen erhielt auch der strenge Trappistenorden Zulauf: 1794 gründeten aus Frankreich geflohene Mönche des aufgehobenen Mutterklosters La Trappe auf einem Bauernhof im belgischen Westmalle ein Kloster, das 1836 zur Abtei Unsere Liebe Frau vom Heiligen Herzen erhoben wurde. Die Abtei erhielt zwischen 1830 und 1900 Klostergebäude im neoromanischen Stil und wurde für seine Klosterprodukte – neben Bier vor allem Käse – bekannt. Trappisten aus dem Elsass erwarben 1860 die verfallenen Gebäude einer von Zisterziensern betreuten Wallfahrtskirche in Mariawald in der Eifel und erbauten hier bis 1891 eine neue Klosteranlage, die 1909 zur Abtei erhoben wurde. Trotz zeitweiliger Aufhebung – im preußischen Kulturkampf (1875–1887) sowie 1941 durch die Gestapo, wegen „staatsfeindlicher Aktivitäten" und Zwischennutzung als Feldlazarett – siedeln in diesem einzigen Trappisten-Mönchskloster Deutschlands seit 1945 wieder Trappistenmönche (derzeit zehn).

Die Trappisten und das Schweigegelübde

Schon der Kartäuserorden zeigte die Faszination strengster Ordensregeln. 1657 propagierte Armand-Jean Le Bouthilier de Rancé (1626–1700), Abt des französischen Zisterzienserklosters La Trappe, ein Ordensleben der Selbstverleugnung, Demut und radikalen Askese. Der Reformzweig der Trappisten, die sich auch „Zisterzienser von der strengen Observanz" nennen, erlegt sich strikte Schweigegebote, Abstinenzregeln und Bußübungen auf, die ursprünglich auch Formen körperlicher Selbstkasteiung beinhalteten.

Die Mönche beten siebenmal am Tag gemeinsam in der Klosterkirche und leben ansonsten in strenger Klausur und Schweigsamkeit, weshalb sie – wie die Kartäuser – auch keine seelsorgerischen Aufgaben außerhalb des Klosters versehen. Als Ausgleich für Andacht, Buße und Gebet gehört härteste körperliche Arbeit zur Ordensregel – besonders in der Landwirtschaft und Urbarmachung, da der Mönch seinen Lebensunterhalt selbst verdienen soll. Im Gegensatz zur inzwischen kleinen Kartäusergemeinschaft gibt es weltweit heute 100 Männer- und 67 Frauenklöster der Trappisten.

Ein lesender Trappistenmönch in der Bibliothek der Abtei Unsere Liebe Frau von Gethsemane in Louisville, Kentucky/USA.

Der Sudkessel im ***Kloster Westmalle****, wo jährlich 120 000 Liter des berühmten Trappistenbiers gebraut werden, mit dessen Verkauf (seit 1856) sich das Kloster finanziert. 1934 wurde hier das erste „Tripel"-Bier (dunkles, stark eingebrautes Bier mit erhöhtem Alkoholgehalt) entwickelt.*

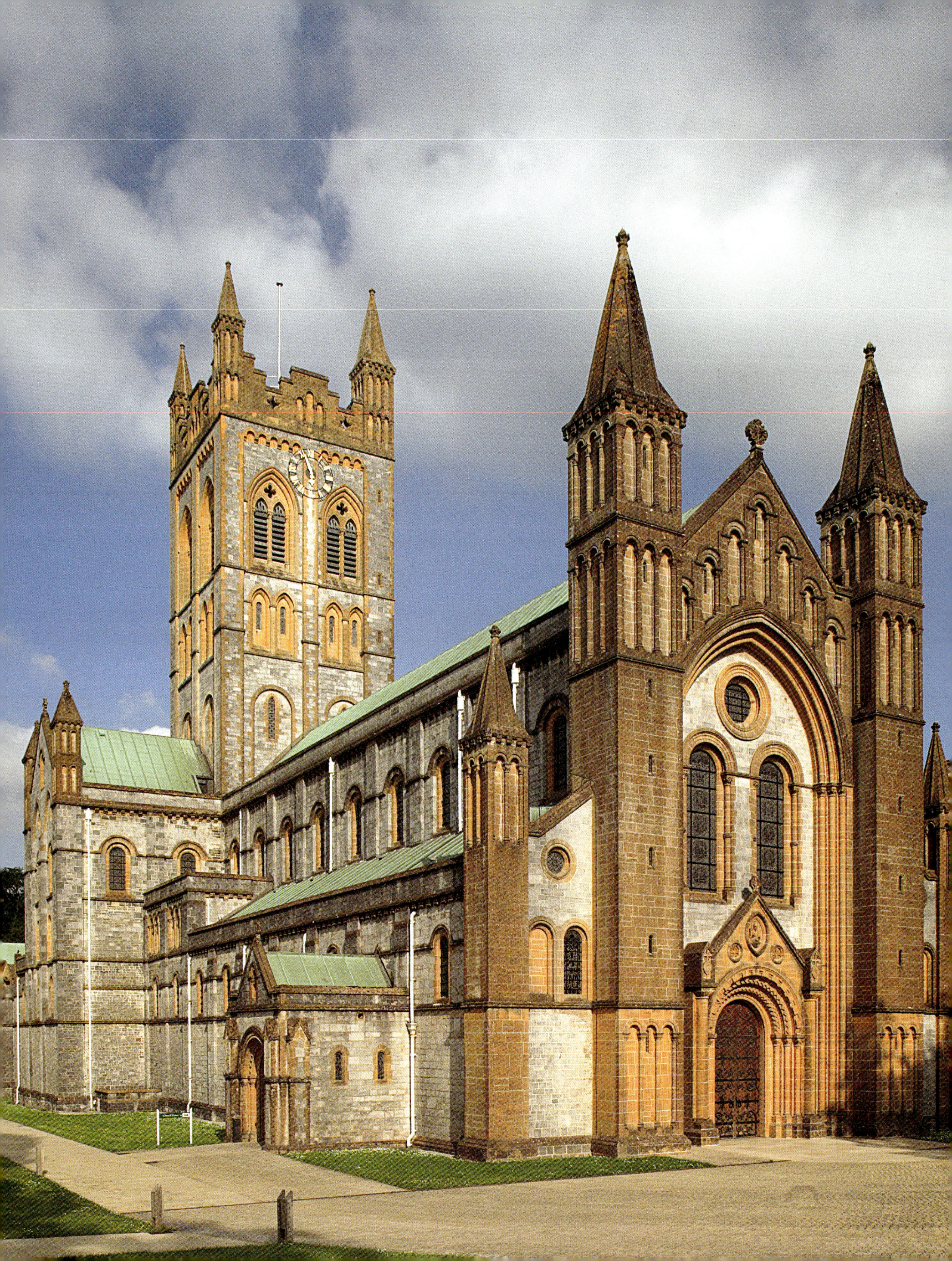

Besonders die Orden der Benediktiner und Trappisten nahmen im 19. Jahrhundert auch in den eher protestantisch geprägten angelsächsischen Ländern einen Aufschwung. Ihre Klosterbauten sind oft im Stil der Neoromanik oder Neogotik errichtet und knüpfen damit architektonisch bewusst an die große Zeit der Klöster im europäischen Mittelalter an.

1854 gründeten Benediktinermönche aus dem Schweizer Einsiedeln das Kloster St. Meinrad im Spencer County, Indiana/USA. Das 1870 zur Abtei und 1954 zu einer von weltweit elf Erzabteien erhobene Kloster errichtete bereits 1861 eine philosophisch-theologische Hochschule, zu der 1867 ein eigener Verlag und 1878 eine Missionsakademie hinzukamen. 1858 begann der Bau der Klosterkirche; 1887 brannte die gesamte Anlage nieder, wurde jedoch innerhalb von drei Jahren neu erbaut. In der Erzabtei St. Meinrad, deren riesige Länderein und Klosterbetriebe rund 500 Menschen beschäftigen, leben heute 105 Mönche.

1846 gründeten Benediktiner aus dem bayerischen Metten das Kloster St. Vincent in Latrobe, Pennsylvania/USA als erstes Benediktinerkloster in den USA, das bald ebenfalls zur Erzabtei erhoben wurde. Unter Federführung des deutschen Abtes Bonifaz Wimmer (reg. 1846–1887) errichtete St. Vincent zahlreiche Tochterklöster, darunter 1857 das Priorat St. Mary's in Newark, New Jersey/USA, ursprünglich zur Betreuung deutscher Immigranten. Die seit 1884 selbstständige Abtei wurde 1968 von St. Mary's in Newark Abbey umbenannt.

Das englische Kloster Buckfast Abbey (Grafschaft Devon) war bereits 1018 als Benediktinerabtei gegründet worden, schloss sich 1147 den Zisterziensern an und wurde 1539 aufgelöst. 1882 kauften im Kulturkampf aus Frankreich vertriebene Mönche die Klosterruinen und errichteten hier ein neues Benediktinerkloster, das 1902 zur Abtei erhoben wurde. 1907–1937 wurde die Klosterkirche errichtet, die bis 1968 mit modernen Fenster- und Bodengestaltungen ausgekleidet wurde. Das Kloster finanziert sich durch ausgedehnte Landwirtschaft und Bienenzucht und betrieb bis 1994 eine eigene Grundschule.

*Im Chor der Klosterkirche St. Mary's feierten Mönche und Studenten 2007 mit einer Messe das 150-jährige Bestehen des **Benediktinerklosters Newark** in New Jersey/USA.*

*Die Klosterkirche der **Benediktiner-Erzabtei St. Meinrad in Indiana** knüpft architektonisch an mittelalterliche Bauten an. St. Meinrad ist eine der beiden Erzabteien in den USA.*

*Linke Seite: Die Klosterkirche der **Benediktinerabtei Buckfast Abbey** wurde 1937 im normannischen und frühgotischen Stil vollendet. Buckfast Abbey ist eines der wenigen noch aktiven Klöster in Großbritannien.*

Klöster des 20. Jahrhunderts

Die Klosterbauten des 20. Jahrhunderts zeigen die ganze architektonische Bandbreite von modernisierten traditionellen Gebäuden bis hin zu avantgardistischen und experimentellen Bauwerken. Moderat modern sind die Gebäude des Trappistenklosters Mepkin Abbey, das 1949 auf dem Gelände eines historisch bedeutenden Anwesens in Charleston, South Carolina/USA, gegründet wurde. Das Gelände ist für seine Bibliothek sowie für seine bereits 1936 angelegten und 1988 neu gestalteten Gartenanlagen berühmt.

1953 beauftragte der Dominikanerorden einen der bedeutendsten Architekten des Jahrhunderts – Le Corbusier (1887–1965) – mit der Neugestaltung ihrer Ordenshochschule Sainte Marie de la Tourette im französischen Évreux. Le Corbusier errichtete 1956–1961 einen vierflügeligen Stahlbetonskelettbau (Einweihung 1960) mit fest verglasten Fenstern in Hanglage (die Belüftung erfolgt durch Lüftungsschlitze mit Klappen); zum Berg hin hat der Bau drei, zum Tal hin fünf Geschosse, und an der Hangseite tragen frei stehende Pfeiler das Gebäude. Im Innern wurden fünf Fußbodenebenen eingezogen, die jeweils unterschiedliche Raumhöhen bewirken.

Der architektonische Einfluss von Le Corbusier und La Tourette zeigt sich deutlich beim Kloster Las Condes bei Santiago de Chile. Das 1938 von englischen Mönchen gegründete Benediktinerkloster wurde 1959 zum Priorat und

Die ***Dominikaner-Klosterhochschule Sainte Marie de la Tourette in Évreux;*** *Le Corbusier befasste sich vor Baubeginn eingehend mit der Umsetzung einer Verbindung von Architektur und Spiritualität.*

Die 1964 fertiggestellte Kirche des ***Klosters Las Condes bei Santiago de Chile*** *aus weißem Beton mit rechteckigem Glockenturm orientiert sich architektonisch am Vorbild von Le Corbusiers Klosterzentrum La Tourette.*

Eine Prozession der Trappistenmönche vor dem Gebäude der ***Mepkin Abbey in Charleston****, South Carolina/USA; 1949 unterstützten die damaligen Besitzer des Geländes die Ansiedlung von 29 Trappistenmönchen.*

1980 zur Abtei erhoben und gehörte 1949–1975 der Benediktinerkongregation von Beuron an, die sich besonders der Liturgiepflege widmet. 1961–1964 erbauten die chilenischen Architekten Gabriel Guarda und Martin Correa die neue Klosterkirche als Betonbau im Stil der streng geometrischen und rechteckigen Bauweise von La Tourette.

Die Eingangsebene mit Portal, Aufenthaltsräumen und Bibliothek liegt auf Höhe der dritten Ebene (Niveau 3), im Geschoss darunter (Niveau 4) Kapitelsaal und Refektorium sowie darunter (Niveau 5) Vorrats- und Kellerräume. Die oberen Geschosse (Niveau 1 und 2) beherbergen die Zellentrakte der Mönche mit jeweils 50 Wohnzellen. Der Innenhof besitzt einen Kreuzgang in Kreuzform und führt in das schmucklose rechteckige und eingeschossige Kirchenschiff aus Gussbeton mit Lichtschlitzen und einer vorgelagerten Krypta.

Auch Orden und Klöster stellten sich den Ereignissen des 20. Jahrhunderts. Wie zuvor in der Hinrichtungsstätte Berlin-Plötzensee und auf dem Gelände des Konzentrationslagers Dachau, bezogen 14 Karmelitinnen 1984 das sogenannte „Theatergebäude" direkt vor dem Todeszaun und dem Todesblock 11 des NS-Vernichtungslagers Auschwitz zur Verrichtung des Sühnegebets. Anhaltende internationale Proteste jüdischer Organisationen gegen eine befürchtete „christliche Vereinnahmung" dieses Ortes unsäglichen Grauens führten 1993 zum Umzug der Karmelitinnen in ein Gebäude der Stadt Oświecim/Polen (Auschwitz).

Auf dem Westteil der norwegischen Insel Tautra, in der Nähe eines 1207 gegründeten und 1537 aufgehobenen Zisterzienserklosters, gründeten sieben Trappistinnen aus Iowa/USA im Jahr 1999 das Mariakloster Tautra, das 2005/06 eine neue, viel beachtete moderne Klosterkirche durch den Architekten Jan Olav Jensen (geb. 1959) erhielt. Das Trappistinnenkloster finanziert sich durch die Herstellung edler Kräuterseifen und einen kleinen Verlag.

1928 gründeten Benediktiner aus dem bayerischen St. Ottilien mit der Übernahme einer städtischen Schule das Kloster Königsmünster in Meschede, das 1932 zum Priorat und 1956 (nach seiner Aufhebung 1941–1945) zur selbstständigen Abtei erhoben wurde. 1960 legte der Architekt Hans Schilling (1921–2009) seine Pläne für eine Friedenskirche als moderne Klosterkirche vor, die 1962–1964 errichtet wurde und in ihrem inneren Aufbau bereits der Liturgiereform des Zweiten Vatikanischen Konzils Rechnung trug. Unter Abt Stephan Schröer (reg. 1976–2001) wuchs der Konvent auf 80 Mönche an, 2007 lebten in Königsmünster 59 Benediktinermönche. Die Architektur der fand starke Beachtung – so das 2001 fertiggestellte „Haus der Stille" des Architekten Peter Kulka (geb. 1937). Die Mönche sind im Schuldienst und in der Gemeindeseelsorge, einige auch in der Mission in Korea und Afrika tätig.

Oben: Der 1984 in einem ehemaligen SS-Gebäude bezogene Sühnekarmel vor dem Todesblock des Vernichtungslagers Auschwitz, wo der heilig gesprochene Märtyrer Pater Maximilian Kolbe 1941 ermordet wurde, wurde 1993 verlegt.

*Links: Die Klosterkirche des **Mariaklosters Tautra** mit eingezogenen Holzverstrebungen, die der Konstruktion eine schwebende Leichtigkeit verleihen.*

*Linke Seite: Die als Friedenskirche konzipierte Klosterkirche der **Benediktinerabtei Königsmünster in Meschede** wirkt auch nach über 40 Jahren noch äußerst modern.*

*Links: Die Fassade des **Mariaklosters Tautra** in Norwegen zeigt eine moderne Gestaltung mit Fenstern und Glasfronten, wodurch der Bau auch im Innern hell und aufgeschlossen wirkt.*

Klöster im östlichen Christentum

Vorhergehende Doppelseite: Das Kloster **Agiou Panteleimonas der autonomen Mönchsrepublik Athos***; die Athos-Klöster sind das vielleicht bekannteste Beispiel für die Bedeutung, die dem Klosterleben in der orthodoxen Kirche zukommt.*

Kleine Abbildung: In den Kuppeln der meisten orthodoxen Klosterkirchen findet sich eine Darstellung Christi als Herrscher des Weltalls: Christus Pantokrator; hier das Pantokrator-Fresko in der Gottesmutter-Kathedrale des **Klosters Ferapontow von Wologda** *(bei Moskau/Russland).*

Klöster der griechisch-orthodoxen Kirche

Auch das Klosterleben der orthodoxen Kirchen verbindet Kontemplation mit tätiger Nächstenliebe und Seelsorge. Der Mönchsvater Basilius der Große (um 330–379), auf den die meisten Ordensregeln der griechisch-orthodoxen Kirche zurückgehen, empfahl ein gemeinschaftliches Leben in Demut, Geduld und Rücksichtnahme.

Die Anfänge des Mönchtums aus dem zurückgezogenen Leben frommer Eremiten werden bei den ältesten Klöstern der Orthodoxie besonders deutlich. 478 zog sich der Heilige Sabas (um 439–532) in eine Felshöhle bei Jerusalem zurück; als andere es ihm gleichtaten, gründete er 483 das nach ihm benannte Kloster Mar Saba, das älteste Kloster Palästinas, an der Felswand der Kidron-Schlucht, südöstlich von Jerusalem. Nachdem er 494 Archimandrit (Oberer) aller Mönchssiedlungen im Raum Jerusalem geworden war, begann er 501 mit dem Bau der Hauptkirche (Katholikon) des Klosters; hier wurden auch seine Gebeine bestattet, die im Mittelalter von westlichen Kreuzfahrern geraubt und nach Venedig gebracht wurden, von wo sie 1964 in einer feierlichen Zeremonie nach Mar Saba zurückkehrten.

Trotz der Zerstörung von Mar Saba durch Perser (614) und Araber (636) lebten im 7. Jahrhundert in der labyrinthischen Klosteranlage und den umliegenden Höhlen 4000–5000 Mönche. 1840 ließ der russische Zar Nikolaus I. (reg. 1826–1855) das Kloster restaurieren, in dem um 1900 noch 50 Mönche lebten – heute sind es nur noch zehn. 1958 wurde in Mar Saba ein Brief des Kirchenvaters Clemens von Alexandrien (um 150–215) mit einem Fragment des Geheimen Markus-Evangeliums entdeckt, einer abweichenden Fassung des ersten christlichen Evangeliums.

450–463 ließ der byzantinische Konsul Studios ein Johannes dem Täufer geweihtes Kloster in Konstantinopel mit einer dreischiffigen Klosterbasilika errichten, das unter seinem Namen bekannt wurde. Hier wirkte der berühmte Mönch Theodoros Studites (759–826), dessen asketisch-strenge Mönchsregeln das Klosterleben in Byzanz und Russland prägen sollten. In dem 1204 durch die Kreuzfahrer schwer beschädigten Studios-Kloster lebten im 8./9. Jahrhundert über 700 Mönche. 1486 wurde es in die Moschee Imrahor Camii umgewandelt und im 19. Jahrhundert durch ein Erdbeben zerstört.

*Ein Mönch öffnet eine Pforte am **Kloster Mar Saba von Jerusalem**. Der Zutritt zu den Klostergebäuden ist Frauen bis heute verwehrt.*

*Linke Seite: Die an den Felsen geschmiegten Bauten des **Klosters Mar Saba bei Jerusalem;** ab 712 wirkte und schrieb hier bis zu seinem Tode der Heilige Johannes von Damaskus (um 650–vor 754), der als der letzte Kirchenvater gilt.*

*Die Ruinen der Klosterkirche des **Studios-Klosters in Istanbul** (Konstantinopel), einer dreischiffigen Emporenbasilika mit Vorhalle, polygonaler Apsis und einem Marmorfußboden aus dem 11. Jahrhundert.*

Die mit Wehrmauern eingefasste Anlage des ***Katharinenklosters*** *im frühbyzantinischen Stil am Fuße des Mosesberges (Djebel Musa) im Sinaigebirge (Ägypten).*

Das Katharinenkloster am Sinai

Zu den ältesten Klöstern der Christenheit zählt das Katharinenkloster am Sinai; es wurde in gut 1500 Metern Höhe über dem Meeresspiegel in einer kargen Felslandschaft an der Stelle erbaut, an der Gott aus dem brennenden Dornbusch zu Moses sprach. Helena, die Mutter Kaiser Konstantins, errichtete hier auf ihrer Pilgerreise ins Heilige Land bereits 324 eine Kapelle, um die herum der byzantinische Kaiser Justinian I. (reg. 527–565) das heutige Kloster 548–565 anlegen ließ.

Auch die Klosterbasilika wurde in dieser Zeit erbaut und die Grundfläche des Klosters (76 x 85 Meter) mit bis zu 15 Meter hohen Wehrmauern umgeben – zum Schutz der Mönche. Die Bedeutung des Klosters liegt neben anderem darin, dass es bis auf die Zerstörung einiger Gebäude durch ein Erdbeben 1312 – die bis 1461 neu errichtet wurden – in seiner Geschichte nie angegriffen oder geplündert worden ist. Der muslimischen Überlieferung nach war Mohammed vor seiner Berufung zum Propheten mehrfach Gast der Mönche dieses Klosters und soll seinen Anhängern die Aufforderung hinterlassen haben, das Kloster nicht zu bedrängen und unter ihren Schutz zu stellen.

Um 1000 wurde auf dem Klostergelände direkt neben der Basilika eine Moschee errichtet – angeblich zum Schutz vor christenfeindlichen Maßnahmen des fanatischen Fatimiden-Kalifen al-Hakim (reg. 996–1021). 1099 stellten die Jerusalem erobernden Kreuzfahrer das Kloster unter ih-

Schematischer Aufbau einer Ikonostase

1 Mitteltür (Königstür, heilige Pforte mit Darstellungen der Verkündigung (a) und der Evangelisten (b-e)

2 Bild des Abendmahls

3 Säulen

4 Ikone mit Christus oder dem Kirchenpatron

5 Bild der Gottesmutter

6 Nord- und Südtür mit Bildern der Erzengel oder heiliger Diakone

7 Ikonen verschiedener Art

8 Querfries mit der Deësis (Darstellung des am Jüngsten Tag zu Gericht sitzenden Jesus)

9 Fries mit 12 – 16 kleineren Ikonen der Hauptfeste des Kirchenjahres

10 Darstellung der Propheten zu Seiten Mariens

11 Darstellung der Erzväter und anderer alttestamentlicher Gestalten zu Seiten der Trinität

ren Schutz. Der Überlieferung zufolge hatte ein Mönch des Klosters eine Vision, wonach Engel den Leib der verehrten Märtyrerin St. Katharina (von Alexandria) in die Nähe des Klosters trugen, wo er um 800 von den Mönchen entdeckt wurde; bis heute werden ihre Reliquien (Schädel und linke Hand) in der Klosterkirche verehrt.

Der Schutz durch die Muslime brachte es mit sich, dass das Kloster von den Zerstörungen des in Byzanz wütenden Bilderstreits (726–842 , s. S. 121) verschont blieb; zu den über 2000 Ikonen des Klosters, von denen viele im Narthex (Vorhalle) der Klosterbasilika zu sehen sind, zählen daher die ältesten der Christenheit. Das Kloster wurde im 17. Jahrhundert der Autonomen Mönchsrepublik Athos unterstellt und genießt bis heute die gleiche Autonomie.

Ikonostasen (hier eine russische) sind mit Ikonen geschmückte Wände mit drei Türen – sie stehen in orthodoxen Kirchenbauten zwischen dem inneren Kirchenschiff und dem Allerheiligsten und trennen die Gläubigen vom Altarbereich (s. a. S. 120).

An einer Wand des weiß getünchten Beinhauses des Katharinenklosters liegen die Schädel der verstorbenen Mönche gestapelt; dahinter befindet sich ein anderer Haufen mit den Knochen.

Von unschätzbarem Wert für die Erforschung des frühen Christentums ist die durch Verschonung von jeglicher Plünderung erhaltene Bibliothek des Katharinenklosters: In vier Bibliothekssälen werden 6000 Handschriften in Originaleinbänden und allen bekannten Sprachen des damaligen Kulturraumes aufbewahrt; 3000 von ihnen stammen aus der Antike und sind teilweise älter als das Kloster.

Zwischen 1844 und 1859 entdeckte hier der Leipziger Theologe Konstantin von Tischendorf (1815–1874) den Codex Sinaiticus aus dem 4. Jahrhundert – die älteste, fast vollständig erhaltene Bibelhandschrift auf 346,5 Folia (Blättern). Die Wege, über die ein Großteil dieser Handschriften in die Museen von St. Petersburg, London und Leipzig gelangte, bieten Stoff für einen Wissenschaftskrimi besonderer Art und sind bis heute Gegenstand von Kontroversen, da die Mönche seit Jahrzehnten ihre Rückgabe fordern. Seit den 1990er-Jahren erforschen internationale Wissenschaftler verstärkt die Bestände der Klosterbibliothek, doch sind die Mönche inzwischen vorsichtiger geworden und geben keine ihrer Schriften mehr aus dem Kloster heraus.

*Linke Seite: Das Innere der in Hauptschiff, Vorhalle (Narthex) und Apsis unterteilten Klosterbasilika „Kirche der Verklärung" des **Katharinenklosters am Sinai**; der Glockenturm besitzt neben acht anderen auch noch eine antike Holzglocke.*

*In den Metallregalen der Bibliothekssäle des **Katharinenklosters** lagern die Schätze der Christenheit. Die Klosterbibliothek gilt als die bedeutendste christliche Schriftensammlung nach den Beständen des Vatikans.*

Diese Marienikone aus dem Kloster Angiou Pavlou der Mönchsrepublik Athos zeigt die Gottesmutter mit dem Jesuskind.

Die Ikonen und der byzantinische Bilderstreit

Ikonen (von griech. *eikona*: Bild, Abbild) sind die Kultbilder der orthodoxen Kirchen, die sich aus wundertätigen Christus-, Marien- oder Heiligenbildern entwickelten und im Rahmen der orthodoxen Riten und Gottesdienste eine besondere Verehrung genießen.

Bilderverehrung wurde im Christentum stets kontrovers beurteilt; während die Bilderverehrer (Ikonodulen) sie als sichtbare Abbildung des göttlichen Geschehens begreifen, das in Jesu sichtbarer Menschwerdung sein Vorbild hat, berufen sich die Bilderfeinde (Ikonoklasten) auf das alttestamentliche Abbildungsverbot für das Heilige. In Byzanz eröffnete Kaiser Leo III. (reg. 717–741) 726 eine Epoche der Bilderzerstörung, die als „Byzantnischer Bilderstreit" mit unterschiedlichen Phasen bis 842 andauerte und das Reich an den Rand des Abgrunds brachte. Klöster und Mönche leisteten als entschiedene Anhänger der Bilderverehrung erbitterten Widerstand. Die Kämpfe führten zu Klosterverwüstungen, Bürgerkrieg und Attentaten, deren trauriger Höhepunkt die Ermordung Kaiser Leos V. (reg. 813–820) in der Hagia Sophia während des Weihnachtsgottesdienstes 820 war. Das Konzil von Konstantinopel schrieb 842 die Bilderverehrung für die Ostkirche endgültig vor.

Wie eine wehrhafte Burg thront das ***Johanneskloster auf Patmos*** *über der Stadt. Patmos gilt als der Ort, an dem der Evangelist Johannes seine Offenbarung, das letzte Buch des Neuen Testaments, abfasste.*

Klöster in Griechenland

An den Steilhang des 300 Meter hohen Profitis-Ilias-Gipfels auf der Kykladeninsel Amorgos schmiegt sich das im 9. Jahrhundert von Mönchen aus Palästina gegründete Felsenkloster Panagia Chozoviotissa. Es wurde über der Bucht errichtet, in der eine wundertätige Marienikone an Land gespült wurde, die bis heute in der Klosterkirche verehrt wird und von einer frommen Frau ins Meer geworfen worden sein soll, um sie im Byzantinischen Bilderstreit vor der Vernichtung zu retten. Das von Piraten zerstörte Kloster wurde 1088 von Kaiser Alexios I. Komnemos (reg. 1081–1118) neu erbaut und beherbergt berühmte Handschriften aus dem 11. bis 13. Jahrhundert sowie eine Schule; bis zu seiner Enteignung 1952 war es eines der reichsten Klöster Griechenlands.

Das Kloster Hosios Loukas bei Delphi entstand an dem Ort, wo der heilige Eremit Lukas 946 eine Einsiedelei gründete. Nach seinem Tod (953) wurde die Grabstätte des wegen seiner prophetischen Gabe verehrten Mönchs zum Wallfahrtsort und Kloster mit Refektorium (heute Museum) und Mönchszellen um zwei Kirchen. Die kleinere, 959–963 erbaute Panagia-Kirche, ist über einen Säulengang mit der größeren, 1011 fertiggestellten Lukas-Kirche verbunden, einer rechteckigen Kreuzkuppelkirche aus einfachen Ziegeln. Hauptkirche, Kuppel und Krypta – mit dem Sarkophag des Heiligen Lukas – sind mit Mosaiken aus dem 11. Jahrhundert ausgekleidet.

Die „heilige Insel" Patmos gilt als Ort der Verbannung des Evangelisten Johannes, der in einer Höhle seine Offenbarung (Apokalypse) niederschrieb. 1088 gründete hier der selige Mönch Christodoulos das Johanneskloster, das mit mächtigen Wehrmauern gegen Piratenüberfälle geschützt wurde; die Anlage wurde über Jahrhunderte mehrfach erweitert. Die Klosterkirche erhielt im 12. Jahrhundert einen Marmorfußboden mit Mosaik-Einlegearbeiten sowie Fresken und Wandmalereien. Unterhalb der Kirche befinden sich die Mönchszellen und die berühmte Bibliothek mit über 900 Manuskripten und 15 000 alten Büchern. Die Anlage besitzt zwei Kapellen: eine Marienkapelle sowie die Grabkapelle des Christodoulos mit seinem Sarkophag aus Holz und Silber.

Oben links: Das ***Felsenkloster Panagia Chozoviotissa auf Amorgos*** *gilt wegen seiner Lage als eines der reizvollsten Klöster Griechenlands.*

Oben rechts: Die Krypta des Klosters Hosios Loukas mit einem bemalten Deckengewölbe, das auf Säulen ruht; hier werden die Reliquien des prophetischen Mönchs Lukas verehrt.

Links: Die Gesamtanlage des ***Klosters Hosios Loukas bei Delphi*** *besteht aus dem Mönchstrakt und zwei Klosterkirchen mit Glockenturm.*

Der Name des Klosters Daphni bei Athen bedeutet „Lorbeer" – die Pflanze des Gottes Apoll – und verweist wohl auf ein Apollonheiligtum, an dessen Stelle bereits im 5. Jahrhundert ein erstes, von Wehrmauern umgebenes Kloster mit Kirche errichtet wurde; im 7. Jahrhundert wurde es aufgegeben, und seine Überreste sind heute noch zu erkennen.

1080 wurde das heutige Kloster mit einer byzantinischen Kreuzkuppelkirche aus einfachen Ziegeln errichtet und mit bedeutenden Mosaiken ausgekleidet, unter denen das Kirchenkuppel-Mosaik des Christus Pantokrator herausragt. 1206 wurde das Kloster von lateinischen Kreuzfahrern erobert und Zisterziensermönchen aus dem französischen Kloster Bellevaux übergeben, die die Anlage im westlichen Stil umgestalteten;1458 gaben die Osmanen das Kloster den orthodoxen Mönchen zurück. 1821 war Kloster Daphni ein Zentrum des griechischen Freiheitskampfes, wurde dafür von den Türken niedergebrannt und musste von den Mönchen aufgegeben werden. Ab 1889 erfolgten jedoch umfangreiche Restaurierungsmaßnahmen, vor allem an den Mosaiken.

Das Mariä Himmelfahrt geweihte Nea Moni (Neues Kloster) in einem Zypressenwald auf der Insel Chios wurde ab 1042 an einem Ort, an dem drei Mönche eine Marienikone in einem Myrrhestrauch fanden, von Kaiser Konstantinos IX. Monomachos (reg. 1042–1055) errichtet. Der Kaiser hatte die Stiftung eines Klosters für den Fall seiner Thronbesteigung gelobt – und dies gelang ihm mit der Heirat der Kaisertochter Zoë (reg. 1042).

Die Klosteranlage besteht aus der Hauptkirche – einem Kreuzkuppel- bzw. Achtstützenbau mit innerer und äußerer Vorhalle –, zwei kleineren Kirchen, dem Refektorium und dem Mönchstrakt. Das reich ausgestattete Kloster verfügt über berühmte Mosaiken mit Szenen aus dem Leben Christi, einem Pantokratormosaik in der Kirchenkuppel sowie Marien-, Erzengel- und Heiligendarstellungen. Als Zufluchtsort der Bewohner im griechischen Freiheitskampf von 1821 wurde das Kloster 1822 von den Türken beim Massaker von Chios in Brand gesteckt und die Bibliothek verwüstet; dabei wurden 600 Mönche ermordet. Ab 1857 mehrfach restauriert, stürzten Kuppel und Glockenturm 1881 bei einem Erdbeben ein.

*Der Narthex (Vorhalle) der Klosterkirche des **Nea Moni auf Chios** ist mit Mosaiken ausgekleidet. Der Blick geht nach Süden und zeigt ein Mosaik mit dem Thema „Gebet im Garten Gethsemane und Verrat des Judas".*

*Unten: Das Mosaik im Katholikon, der Hauptkirche des **Klosters Daphni**, zeigt die Auferstehung als Teil eines Zyklus mit Darstellungen zum Leben und Leiden Christi.*

*Rechte Seite: Das **Kloster Daphni bei Athen** mit den Bergen im Hintergrund; die für ihre Mosaiken berühmte Klosterkirche ist dem Entschlafen Mariens geweiht.*

Klöster auf Kreta

Das auch Panagia Kera genannte Moni Kardiotissa wurde Anfang des 14. Jahrhunderts erbaut; die zunächst einräumige Kapelle wurde zu einer zweischiffigen Klosterkirche mit Bogen- und Blindfenstern aus Ziegelwerk erweitert. Erst ab 1970 entdeckte man an den Wänden der Klosterkirche unter weißer Tünche Fresken aus der Gründungszeit des Klosters, darunter eine Himmelfahrt Christi. Die hier hauptsächlich verehrte Marienikone soll zweimal von den Türken geraubt und jedes Mal auf wunderbare Weise ins Kloster zurückgekehrt sein; beim dritten Raub wurde sie in Istanbul an eine Säule gekettet, woraufhin sie mitsamt der Säule – die heute im Klosterhof steht – ins Kloster zurückkam.

Das Kloster Arkadi führt seine Gründungslegende auf Kaiser Arkadius (reg. 395–408) zurück, ist aber wahrscheinlich jünger. Ab 1587 erbauten die Venezianer als Herren Kretas die heutige zweischiffige Klosterkirche anstelle eines Vorgängerbaus, dessen Reste noch an der Nordwestseite zu sehen sind. Beeindruckend ist die Kirchenfassade im kretisch-venezianischen Mischstil.

Kloster Arkadi, bei der türkischen Besetzung Kretas 1669 zerstört und später wieder erbaut, wurde 1866 zum Zentrum des Aufstandes der Kreter gegen die Osmanen; von türkischen Truppen belagert, sprengten sich etwa 1000 Aufständische und Mönche im November 1866 durch Entzünden des Pulvermagazins im Kloster selbst in die Luft. Auch das Kloster Preveli spielte in den Befreiungskämpfen Kretas eine führende Rolle – vor allem durch die Gründung sogenannter Geheimschulen, mit denen Mönche den christlichen Widerstand leiteten. Das ursprüngliche Kloster stammt wohl aus dem 10./11. Jahrhundert; die heutige Anlage besteht aus zwei Komplexen: dem kleineren, Johannes dem Täufer geweihten Kloster, das 1594 fertiggestellt wurde, sowie einer großen, Johannes dem Evangelisten geweihten Klosteranlage mit zahlreichen Gebäuden; seine zweischiffige Hallenkirche wurde 1836 geweiht, besitzt aber einen Glockenturm von 1629. Hier wird ein wundertätiges Reliquienkreuz mit einem Splitter vom Kreuze Christi verehrt. Die gesamte Anlage wurde in Kämpfen mehrfach zerstört, zuletzt 1867, aber stets aufwendig restauriert.

*Moni **Kardiotissa**; die kleine Klosterkapelle aus dem 14. Jahrhundert wurde später zu einer größeren Anlage erweitert.*

*Rechts: Die heute nur noch von wenigen Mönchen bewirtschaftete **Klosteranlage von Arkadi** aus roh behauenen Steinen wirkt wie eine Festung und diente diesem Zweck bei dem Europa erschütternden Massenselbstmord 1866.*

*Linke Seite: Blick in das Innere der Johannes dem Evangelisten gewidmeten Hauptkirche des **Klosters Preveli** mit ihrer berühmten hölzernen Ikonostase, der Wand zwischen Kirchenschiff und Allerheiligstem.*

Ein Blick auf das ***Kloster Metamórphosis*** *oder Megálo Metéoro, das größte und am höchsten gelegene der Metéora-Klöster.*

Die Metéora-Klöster

Am Fuße des Pindos-Gebirges in Thessalien liegen auf den Gipfeln steiler Felsen die teilweise schwer zugänglichen Metéora-Klöster (griech. meteorizo: in der Luft schwebend), bei deren Anblick man glauben könnte, sie seien zwischen Himmel und Erde erbaut. Bis in die 1920er-Jahre waren einige von ihnen nur über Seilwinden mit Tragekörben oder Netzen zugänglich.

Bereits im 11. Jahrhundert entstanden hier kleine Einsiedeleien, die sich zum ersten, heute nicht mehr erhaltenen Kloster Doúpiani zusammenschlossen, an das noch eine Kapelle erinnert; doch erst ab 1334 blühte das Mönchsleben auf, als 16 Mönche aus Athos sich hierhin zurückzogen. Ihr Leiter Athanasios (um 1302–1380) gründete 1344 das Kloster Metamórphosis, verfasste hier die Mönchsregeln der Metéora-Klöster und wird als Gründervater Athanasios Meteorites bis heute verehrt. Herrscher und reiche Privatleute stifteten ab dem 14. Jahrhundert weitere Klöster mit teilweise reicher Ausstattung, sodass schließlich 24 voneinander unabhängige Klöster und Einsiedeleien entstanden. Die meisten dieser Klöster sind heute nicht mehr erhalten

Oben: Ein Fresko im 1388 gegründeten ***Metéora-Kloster Rousánou****, das seit den 1950er-Jahren von Nonnen besiedelt ist.*

Unten: Auch das auf einem steilen Felsen gelegene ***Metéora-Kloster Agia Triáda*** *war bis 1925 nur über Seilwinden und Strickleitern zugänglich.*

(d. h. zu Ruinen zerfallen und im 19. Jahrhundert aufgegeben) oder wurden zerstört – wie etwa Agios Dimitrios, ein Rückzugsort griechischer Aufständischer, im 19. Jahrhundert oder Agios Nikólaos Bádovas, das durch deutsche Besatzungstruppen 1943 zerstört wurde.

Sechs Klöster sind heute noch bewohnt (und auch für Besucher zugänglich), vier Männerklöster (Metamórphosis, Agios Nikólaos Anapavsás, Agia Triáda und Varlaám) und zwei Frauenklöster (Rousánou und Agios Stéphanos).

Metamórphosis, auch „Großes Meteoron" (Mégalo Metéoro) genannt, ist mit 60 000 Quadratmetern Grundfläche für Klosterkomplex und Gärten das größte und mit 613 Höhenmetern auch das am höchsten gelegene Metéora-Kloster. Den Namen „das Schwebende" (Metéoro) gab ihm bereits der Gründer Athanasios, dessen Einsiedlerhöhle am Eingang liegt. Das Kloster wurde ab Mitte des 14. Jahrhunderts bis 1388 errichtet; die über einem kreuzförmigen Grundriss erbaute, der Auferstehung Christi geweihte Klosterkirche hat einen Christus Pantokrator als Kuppelmotiv sowie Fresken von 1483 und 1552. Bis 1923 war es nur über Seilwinde und Tragnetz erreichbar; seither führen 143 Stufen durch einen Tunnel den Felsen hinauf.

Kloster Agios Nikólaos Anapavsás ist vor allem für seine Johannes dem Täufer geweihte Klosterkirche berühmt; sie wurde 1527 mit Fresken und Wandmalereien von Theophanes Streletzás Bathas (um 1500–1559) ausgekleidet, dem später in den Athos-Klöstern wirkenden bedeutendsten Vertreter der Kretischen Schule in der Kirchenmalerei. Hier werden in Holzregalen auch die Schädel verstorbener Mönche aufbewahrt.

Das erst seit 1925 mit einer Treppe versehene Dreifaltigkeitskloster Agia Triáda wurde wahrscheinlich 1458–1476 erbaut; die Klosterkirche besitzt Fresken von 1741 und bewahrt ein aus Venedig stammendes gedrucktes Evangeliar von 1539.

Das Kloster Varlaám entstand 1518–1535 an dem Ort einer verlassenen Einsiedelei aus dem 14. Jahrhundert und besitzt zwei Klosterkirchen. Die Mönche leben hier wie in den meisten Metéora-Klöstern nach zönobitischen Regeln: in enger räumlicher Gemeinschaft, unter einheitlicher Leitung und ohne Privatbesitz.

Das 1388 gegründete Kloster Rousánou (auch Arsánou) wurde um 1525 durch die Eremiten Joasaph und Maximos neu belebt, verfiel jedoch nach mehrfachen Plünderungen und Überfällen und wurde 1940 aufgegeben; die Klosterschätze wurden dem Kloster Metamorphósis übergeben.

Seit den 1950er-Jahren wird es jedoch als Frauenkloster neu genutzt; die Klosterkirche besitzt Fresken aus dem 16. Jahrhundert.

Agios Stéphanos war ursprünglich eine um 1192 errichtete Einsiedelei, an deren Stelle im 14. Jahrhundert das Kloster erbaut wurde. Der Überlieferung nach wurde der byzantinische Kaiser Andronikos III. (reg. 1328–1341) 1333 hier so gastfreundlich bewirtet, dass er das Kloster mit bedeutenden Schenkungen ausstattete; seither wird es „das Königliche“ genannt. Im 19. Jahrhundert bestand die Klostergemeinschaft noch aus 30 Mönchen, nahm jedoch stetig ab; 1961 schließlich wurde das nahezu verlassene Kloster ebenfalls in ein Frauenkloster umgewandelt.

Zu den Besonderheiten des Metéora-Komplexes zählt die ungastliche, mit kargen Holzbauten ausgestattete Felshöhle Filakaé Monakón; sie diente als Gefängnis und Bußort für Mönche, die gegen die strengen Klosterregeln verstoßen hatten.

Linke Seite oben: Das für seine Gartenanlagen berühmte ***Metéora-Kloster Agios Stéphanos;*** *die Nonnen des Klosters leiten eine Mädchenschule für Waisenkinder.*

Oben: Eine Nische mit der Ikone der Heiligen Barbara in der Klosterkirche des ***Frauenklosters Rousánou.***

Linke Seite unten: Das ***Metéora-Kloster Varlaám*** *besitzt zwei Klosterkirchen, die mit Fresken ausgekleidet sind, sowie zahlreiche Ikonen.*

Rechts: Das nur über eine Brücke vom Nachbarfelsen aus erreichbare ***Metéora-Kloster Rousánou*** *wurde wohl ebenfalls auf den Resten einer älteren Kirche errichtet.*

Die Klöster der Mönchsrepublik Athos

Die sicherlich bekannteste orthodoxe Klostergemeinschaft bilden die Klöster der Autonomen Mönchsrepublik Athos auf einer knapp 336 Quadratkilometer umfassenden Landzunge der griechischen Halbinsel Chalkidiki. Hier lebten bereits Eremiten nach frühchristlichen Mönchsidealen, bevor der Mönch Athanasios Athonites (um 925–1000) 963 das erste Kloster mit Gemeinschaftsregeln, die Große Lavra errichtete.

Im Laufe der Jahrhunderte wurden auf Athos 20 Großklöster errichtet (17 griechisch-orthodoxe sowie je ein russisch-, bulgarisch- und serbisch-orthodoxes), die unter der Leitung ihres gewählten Abtes selbstständig sind. Neben den Großklöstern existieren zwölf den Klöstern zugeordnete Mönchssiedlungen, die Skiten, sowohl als Hütten (Kalvia) für mehrere als auch als Zellen (Kelliá) für einzelne Mönche, sowie mehrere Eremitagen; auch leben Einsiedler hier noch in Höhlen oder Verschlägen an den Berghängen, die an die Anfänge in Athos erinnern. Die Klöster wurden sämtlich in ähnlichem Stil angelegt: als quadratische Festung mit Wehrmauern und Wachtürmen gegen die immer wieder erfolgten Piratenangriffe. Hauptort und Verwaltungssitz der Mönchsrepublik – mit eigener Post, Bank, Polizeistation usw. – ist der Ort Karyés mit der Skite Agios Andrea und der größten orthodoxen Kirche des gesamten Balkans. Hier tagt ein eigenes Parlament, in das jedes der 20 Großklöster jeweils zwei Mönche entsendet. Der Zutritt zur Mönchsrepublik Athos ist allen weiblichen Wesen, auch weiblichen Tieren, verboten. Heute hat Athos insgesamt 2262 mönchische Bewohner; noch 1903 dagegen lebten allein in den 20 Großklöstern 7432 Mönche.

Die Großklöster stehen seit dem 16. Jahrhundert in einer festgelegten Rangfolge. Als ranghöchstes und ehrwürdigstes gilt das 963 erbaute Gründungskloster, die Große Lavra (Moni Megistis Lavra); mit seiner bedeutenden Klosterkirche, den Festungsmauern und ursprünglich 15 Wehrtürmen wurde es zum architektonischen Vorbild vieler orthodoxer Klöster. Der Gründer Athanasios, der hier mit etwa 80 Mönchen einzog und in einer Klosterkapelle bestattet ist, kam beim Einsturz der Kirchenkuppel ums Leben. Die berühmte Klosterbibliothek besitzt weit über 2000 Handschriften, allein 800 davon aus byzantinischer Zeit.

Unten: Eher wie eine Burganlage wirken die Bauten des kleinsten ***Athos-Klosters Stavronikita*** *(s. S. 134), das in der Rangordnung der 20 Klöster an 15. Stelle steht.*

Rechts: Die Klosterkapelle im inneren Bereich des ***Athos-Klosters Megistis Lavra****; 964 wurde die Anzahl der hier lebenden Mönche auf höchstens 80 festgeschrieben.*

Unten: Prächtige Wandmalereien aus dem 16. Jahrhundert zieren Gänge und Klosterkirche der Großen Lavra, des ältesten ***Athos-Klosters Megistis Lavra****.*

*Im Beinhaus des **Klosters Agiou Panteleimonas** werden nach orthodoxer Klostersitte die Schädel verstorbener Mönche in Holzregalen aufbewahrt und um einen kleinen Altar gruppiert.*

Bereits 964 verfügte Kaiser Nikephoros II. Phokas (reg. 963–969) die Unabhängigkeit der Großen Lavra von kirchlichen Autoritäten, was zum Vorbild für sämtliche Athos-Klöster werden sollte. Klosterräume und Kirche wurden 1535 von dem berühmten Mönch und Maler Theophanes Streletzás Bathas ausgemalt, der vorher in den Metéora-Klöstern gewirkt hatte.

Das kleinste und 1536 als letztes der Athos-Klöster offiziell geweihte Moni Stavronikita wird erstmals um 1020 erwähnt und soll im 10. Jahrhundert von den Einsiedlern Stavros und Nikitas errichtet worden sein. Nach seinem Verfall erwarb es 1533 der Mönch Gregorios Girameriatis und ließ es mit Unterstützung des Patriarchen Jeremias I. von Konstantinopel (reg. 1522–1546), der als Klosterstifter in einem Wandgemälde geehrt wird, neu erbauen. Die Klosterkirche birgt eine bedeutende Mosaikikone des Heiligen Nikolaus aus dem 14. Jahrhundert und wurde ebenfalls mit Wandmalereien von Theophanes Streletzás Bathas ausgekleidet. In dem in seiner Geschichte fünfmal ausgebrannten Kloster leben heute noch etwa 40 Mönche.

Das dem Heiligen Georg geweihte Moni Xenofondos wurde um 998 von dem Mönch und Namensgeber Xenophon gegründet und ab dem 11. Jahrhundert durch die Förderung des byzantinischen Kaiserhofes mächtig. Das Kloster besitzt zwei Klosterkirchen: Die ältere stammt aus dem 16. Jahrhundert und wurde mit einem Freskenzyklus des kretischen Malers Antonios ausgekleidet; die neuere wurde nach einem verheerenden Klosterbrand von 1817 bis 1837 erbaut und ist die größte griechisch-orthodoxe Klosterkirche auf Athos.

Das als Rossikon (Russenkloster) bekannte Moni Agiou Panteleimonas aus dem 10. Jahrhundert kam 1163 erstmals an russische Mönche, wurde aber 1735 von ihnen aufgegeben. Ab 1765 zunächst durch griechische Mönche neu erbaut, übernahmen es 1840 erneut russische Mönche. Durch die Förderung der russischen Zaren wurde es zum mitgliederstärksten Kloster auf Athos, in dem 1913 über 2000 Mönche lebten; heute sind es noch etwa 50. Neben einer bedeutenden Bibliothek besitzt das Kloster in der mit Gold überzogenen Ikonostase der Klosterkirche eine Ikone sowie auch die Kopfreliquie des heiligen Namensgebers Pantaleon.

*Links: Die Klostergebäude des **Athos-Klosters Xenofondos**; der zinnenbekrönte Klosterturm verleiht dem Komplex, in dem heute etwa 35 Mönche leben, einen wehrhaften Gesamteindruck.*

*Rechte Seite: Die farbenfrohen Kuppeln der Klosterkirche und der Glockenturm des russischen **Athos-Klosters Agiou Panteleimonas**.*

Orthodoxe Klöster in Bulgarien

Den Innenhof des ***Klosters Rila*** *umschließen die Mönchstrakte mit übereinander liegenden Arkadengängen; in der Mitte die Klosterkirche.*

Eines der größten orthodoxen Klöster wurde von dem heiligen Mönch Iwan Rilski (876–946) gegründet, der als erster Eremit und Schutzpatron Bulgariens gilt: das Kloster Rila in einem Tal des Rila-Gebirges. Die bulgarischen Zaren machten es durch zahlreiche Stiftungen zu einem Zentrum des bulgarischen Geistes- und Kulturlebens. Mitte des 15. Jahrhunderts durch die Osmanen geplündert und zerstört, wurde es bald darauf neu errichtet. Von den alten Bauten ist einzig der Wehrturm der Chreljes-Kirche von 1334 erhalten, der 1844 einen Glockenturm als Anbau erhielt. Als Zentrum nationaler Identität wurde die gesamte Anlage ab 1816 von über 3000 Kunsthandwerker zu der heutigen Form neu gestaltet – trotz eines verheerenden Brandes 1833. Die 1834–1837 erbaute Hauptkirche Sweta Bogorodiza (Heilige Mutter Gottes) mit fünf Kuppeln, einer Galerie und drei Altarnischen wurde bis 1846 mit Fresken ausgemalt; die vierstöckigen Klostergebäude enthalten 300 Mönchszellen. Das Kloster besitzt wertvolle Ikonen und Handschriften sowie das äußerst kunstvolle Kreuz Raffails – mit 650 Kleinstfiguren in 104 religiösen Szenen auf nur 81 mal 43 Zentimetern. Das zweitgrößte Kloster Bulgariens ist das 1083 von dem aus Georgien stammenden

byzantinischen Heerführer Grigori Bakuriani und seinem Bruder Abasi gestiftete Batschkowo-Kloster (bulg. *batschko*: Gebrüder) südlich der zweitgrößten Stadt des Landes, Plowdiw; seine Grabkapelle mit Wandgemälden ist aus der Gründerzeit erhalten. Das für seine religiöse Schule berühmte Kloster beherbergte zunächst georgische Mönche, bis der Bulgarenzar Iwan Alexander (reg. 1331–1371) es zu einem Zentrum des bulgarischen Geisteslebens machte.

Mitte des 15. Jahrhunderts ebenfalls durch die Osmanen zerstört, erfolgte der Wiederaufbau der Klostergebäude mit einem ausgemalten Speisesaal bis 1601 und dem Bau der Hauptklosterkirche Sweta Bogorodiza bis 1604. Hier wird eine als wundertätig geltende Ikone der Muttergottes (Muttergottes Eleussa) mit drei Händen aus dem Jahr 1310 bewahrt. Neben der Hauptkirche besitzt das Kloster zwei weitere Kirchen: Die Erzengelkirche (12. – 14. Jahrhundert) im nördlichen und die 1834–1837 erbaute Kirche St. Nikola im südlichen Teil des Innenhofes; sie wurde von dem berühmten Ikonenmaler Zachari Zograf (1810–1853) ausgemalt.

Oben: Die Muttergotteskirche des ***Klosters Batschkowo*** *mit Vorbau und Gartenanlagen; im Hintergrund die Klostergebäude.*

Eine Ikonentafel in der Muttergotteskirche des ***Klosters Rila;*** *im Zentrum die Gottesmutter Maria mit dem Jesuskind.*

Bulgariens drittgrößtes Kloster Trojan – es liegt auf 400 Metern Höhe – erhielt seinen Namen von einer alten Römerstraße (Via Trajani) und wurde spätestens Ende des 16., vielleicht aber bereits im 14. Jahrhundert von einem aus Athos kommenden Eremiten gegründet, der hier eine Einsiedelei und eine hölzerne Marienkapelle errichtete.

Das mehrfach überfallene und zerstörte Kloster durchlebte wechselhafte Zeiten, bis es sich 1830 dem Zugriff lokaler Autoritäten entzog und unter dem Schutz des Patriarchen von Konstantinopel autonom wurde. Außer der älteren Kapelle St. Nikola der Wundertäter – die sich heute südlich des eigentlichen Klosterkomplexes befindet und 1794 mit Holzschnitzereien des Mönches Kiprian ausgekleidet wurde – entstanden die Bauten im Stil der bulgarischen Renaissance im 19. Jahrhundert. Die dem Entschlafen Mariens geweihte Klosterkirche wurde 1785 aus Stein erbaut und 1835 von dem Mönch Meister Konstantin von Peschtera vollkommen neu gestaltet. Die nördliche und südliche Kirchenwand erhielten Kuppelsäulengänge mit Bögen, die Wände Steinreliefs.

Auch diese Klosterkirche bewahrt eine wundertätige Ikone der Muttergottes mit drei Händen (Bogorodiza Troerutschiza). In den Jahren 1847–1849 kleideten der berühmte Maler Zachari Zograf, sein Bruder Dimitri und weitere Ikonenmaler der Samokow-Schule die Kirche mit etwa 100 Figuren und religiösen Szenen aus; von sich selbst und den damals im Trojankloster lebenden 27 Mönchen mit ihrem Abt verewigte Zograf Porträts an den Wänden. Bedeutend ist auch die 1838/39 von Künstlern der Schule von Trjawna geschnitzte Holzikonostase mit der Darstellung von Engeln, Tieren – besonders Vögeln – und Pflanzen. Die Klostergebäude sind drei- bis vierstöckig um einen Innenhof herum angeordnet.

Als für seine Bücherherstellung berühmtes Geistes- und Kulturzentrum Bulgariens spielte das Trojan-Kloster ab 1870 eine wichtige Rolle bei der nationalen Erhebung gegen die Osmanen. 1872 errichtete hier der im folgenden Jahr von ihnen hingerichtete Freiheitsheld Wassil Lewski (1837–1873) ein revolutionäres Komitee, dem auch 80 Mönche des Klosters angehörten.

Linke Seite oben: Die Slawenapostel Method und Kyrill mit dem von ihnen bereits im 9. Jahrhundert entwickelten kyrillischen Alphabet; der berühmte Maler Zachari Zograf schuf das Fresko 1848 im Glockenturm der Klosterkirche von Trojan.

*Links: Die dem Entschlafen Mariens geweihte Klosterkirche im Innenbereich des **Klosters Trojan**, das auch in der politischen Geschichte Bulgariens eine zentrale Rolle spielte.*

Rechts: Die Innenwände und Kuppeln der Klosterkirche des Trojan-Klosters wurden von den Gebrüdern Zograf vollständig mit Fresken ausgekleidet.

Oben: *Die schlank und grazil wirkende Klosterkirche des* ***Moldauklosters Putna****, in der Stefan der Große 1504 bestattet wurde.*

Die Klause des heiligen Einsiedlers Daniil beim ***Kloster Voronet****; Stefan der Große hatte ihm den Klosterbau für den Fall gelobt, dass es ihm gelang, die Türken aus der Walachei zu drängen.*

Die Moldauklöster

Die Moldauklöster in der südlichen Bukowina (Rumänien) wurden von Stefan dem Großen, dem Fürsten der Moldau (reg. 1457–1504) erbaut – angeblich gelobte er, für jeden Sieg über Polen, Ungarn und Türken einen Kirchenbau zu stiften, und so kam es zur Errichtung von 40 Kirchen und Klöstern.

1466–1469 ließ er das Kloster Putna als geistliches Zentrum seines Reiches erbauen; die 37 Meter lange Klosterkirche wurde nach Zerstörung der ersten Anlage – von ihr ist nur noch der Glockenturm der Schatzkammer erhalten – 1653–1662 ohne Außenfresken neu errichtet und nach Beschädigungen ab 1757 rekonstruiert; dabei erhielt es einen neuen Turm an der Westseite. Bedeutend ist das Grabgewölbe, in dem Stefan der Große sowie seine Ehefrauen und Söhne bestattet wurden. Der 1992 von der orthodoxen Kirche heiliggesprochene Herrscher stiftete dem Kloster zahlreiche Kostbarkeiten – neben Büchern und Wandteppichen auch eine Ikone, die er in seinen Schlach-

ten bei sich trug, sowie die goldbedeckte Schädelreliquie des heiligen Ghenadie.

Die meisten Moldauklöster sind für ihre Außenfresken bekannt, in denen Szenen der Bibel als Bildergeschichte für das einfache Volk dargestellt wurde. Die bedeutendste dieser Anlagen ist das 1488 von Stefan dem Großen erbaute Nonnenkloster des Heiligen Georg in Voronet. Die Klosterkirche wurde 1535–1543 innen und bis 1547 außen über und über mit Fresken ausgekleidet und erhielt 1547 durch den Moldauer Metropoliten Grigori Rosca (gest. 1570) einen Vorbau im Renaissancestil.

Die Außenfresken – bei denen das sogenannte Voronet-Blau dominiert – zeigen auf der Westseite das Jüngste Gericht mit Paradies und Höllenfeuer sowie eine Hand mit der Waage der Gerechtigkeit; an der Auferstehung der Toten nehmen auch die Tiere teil. Die Südseite zeigt eine „Wurzel Jesse" als Stammbaum Jesu sowie die Porträts des Einsiedlers Daniil – dem Stefan der Große den Klosterbau gewidmet hatte – und des Grigori Rosca, die Nordwand die Erschaffung der Welt und die Versuchung Adams.

*Oben: Freskomalereien auf der südlichen Außenwand des **Klosterkirche von Voronet**; im Innern der Kirche sind Fresken vom letzten Abendmahl, ein Porträt Stefans des Großen und der fein gearbeitete Metropolitenstuhl des Grigori Rosca bedeutend.*

*Die mit Fresken überzogene **Klosterkirche des Moldauklosters Voronet** wird wegen ihres Bilderreichtums als „Sixtinische Kapelle des Ostens" bezeichnet.*

Die Muttergotteskirche, Hauptkirche des ***Klosters Studenica****, mit ihrer hohen Außenvorhalle (Exonarthex), die von König Stefan Radoslaw (reg. 1227–1234) gestiftet wurde und von der aus die Seitenkapellen zugänglich sind.*

Orthodoxe Klöster in Serbien

Das Kloster Sopoćani wurde 1265 vom serbischen König Stefan Uroš I. (reg. 1243–1276) als Grablege für sich und seine Familie gestiftet; als er 1276 von seinem Sohn gestürzt wurde, zog er sich hierhin – nahe der Stadt Novi Pazar im Südwesten des Landes – als Mönch zurück und starb im folgenden Jahr.

Die der Muttergottes geweihte Klosterkirche ist eine Basilika im Stil der serbischen Romanik mit erhöhtem Mittelschiff und doppelten Blendarkaden unterhalb der Kuppel; sie besitzt zwei Seitenkapellen. 1340 erhielt sie eine äußere Vorhalle (Exonarthex) und einen Glockenturm. Die 1272–1276 entstandenen, teilweise beschädigten und 1926 grundlegend restaurierten Fresken der Klosterkirche gehören zu den Höhepunkten serbisch-byzantinischer Malerei. Sie zeigen Szenen aus dem Alten und Neuen Testament sowie aus dem Leben Mariens, wobei ein monumentales Fresko besonders eindrucksvoll ihr Entschlafen darstellt. Die Fresken der Apsis zeigen das Kommen des Heiligen Geistes über die Apostel sowie eine Liturgiefeier mit den frühesten Heiligen Serbiens, die des Narthex (Vorraum im Innern) eine Wurzel Jesse sowie Szenen der ersten ökumenischen Konzilien.

Das 1183–1196 vom Gründer des serbischen Reiches, dem heiligen Stefan Nemanja (reg. 1167–1196) als königliche Grablege erbaute Kloster Studenica sollte zum größten und wohlhabendsten Kloster Serbiens werden. Von den ursprünglich zwölf Kirchen des Klosters sind drei noch erhalten, ebenso der Speisesaal (Refektorium) des Heiligen Sava.

Die zentrale einschiffige Muttergotteskirche mit zwölfeckiger Vierungskuppel und reichem Fenster- und Portaldekor wurde zwischen 1208 und 1568 in mehreren Phasen mit Fresken ausgekleidet, die frühesten im Stil byzantinischer Mosaiken; berühmt ist die Kreuzigungsszene in Gold und Azurblau an der Westwand. Neben der um 1220 erbauten Nikolauskirche, deren Fresken nur teilweise erhalten sind, ist die bis 1314 erbaute, nach ihrem Stifter Stefan Uroš II. Milutin (reg. 1282–1321) auch als Königskirche bekannte einschiffige Kirche der Heiligen Joakim und Anna erhalten. Kleinformatige Fresken zeigen neben den Porträts der Propheten, Apostel und Kirchenväter Szenen aus dem Leben Mariens.

Ein Fresko aus der „Königskirche" genannten Kirche der Heiligen Joakim und Anna des Klosters Studenica zeigt die Einführung der jungen Maria in den Tempel durch ihren Vater, den heiligen Joakim.

Unten: Das im Stil der serbischen Romanik gehaltene ***Kloster Sopoćani****, in dessen Klosterkirche der Stifter Stefan Uroš I. in einem Marmorsarkophag ruht.*

Der serbische Despot Stefan Lazarević (reg. 1389–1427), der als formeller Vasall der Osmanen die Macht des Adels brach und große Gebiete auf dem Balkan eroberte, ließ 1407–1418 das Wehrkloster Manasija nahe der serbischen Stadt Despotovac als Grablege erbauen.

Die Klosterkirche mit fünf Kuppeln, die im 18. Jahrhundert zum Symbol des serbischen Nationalstils wurde, ist als Trikonchenanlage erbaut – die drei halbrunden Apsiden bilden im Grundriss eine Kleeblattform. Die Kirche ist ein Zeugnis der serbisch-spätbyzantinischen Morawa-Schule, der führenden Kunstrichtung des damaligen serbischen Hofes. Das von außen wie ein Kastell wirkende, von 12–15 Meter hohen Wehrmauern mit elf Wachtürmen umschlossene Kloster wurde mit seiner berühmten Resava-Schreiberschule zum Zentrum einer humanistischen Buchkultur. Die künstlerisch äußerst bedeutenden Fresken im Innern der Klosterkirche sind vielfach stark beschädigt und zeigen die Wunder Christi, Propheten, Märtyrer und Soldatenheilige. 1458 kam das Kloster unter osmanische Oberhoheit, wurde aber im 18. Jahrhundert wieder zu einem bedeutenden Kulturzentrum.

Auch das 1413–1417 durch Bogdan, einem adeligen Kämmerer des Despoten Stefan Lazarević und seine Gattin Milica errichtete Kloster Kalenić im Zentrum des Landes (nahe der Stadt Kragujevac), ist ein hervorragendes Zeugnis der Morawa-Schule. Die Trikonchenanlage der Klosterkirche mit hoher Mittelkuppel über hohem Tambour und flacher Blendkuppel über dem Narthex besitzt eine elegante Fassade aus abwechselnden Reihen roter Ziegeln und weißen, wie Marmor wirkenden Hausteinen; mit Lilien und Palmetten reich verziert sind die Rosetten und Einfassungen der Portale und Fenster.

Unter den Fresken ragt besonders die Hochzeit zu Kanaa heraus; weiterhin finden sich hier Szenen aus dem Leben Mariens (im Narthex), Soldatenheilige (in der Apsis) sowie die Jünger beim Abendmahl und die Prozession der Kirchenväter (im Altarraum). Durch die Ähnlichkeit der Gestaltung gilt es als sicher, dass Meister Radoslaw – der Schöpfer des illustrierten Radoslaw-Evangeliums aus dem Jahr 1429 mit der berühmten Darstellung der vier Evangelisten – mit seiner Schule an der Ausmalung beteiligt war. Da die Mönche im nationalen Widerstand kämpften, wurde das Kloster 1788 von den Osmanen niedergebrannt, später aber wieder aufgebaut.

Die Fresken in der Dreifaltigkeitskirche des ***Klosters Manasija*** *zeigen die kämpferischen Heiligen Nestor und Niketas sowie einen weiteren, nicht identifizierten Soldatenheiligen.*

Linke Seite: Die der heiligen Jungfrau geweihte Klosterkirche des ***Klosters Kalenić****, Ansicht von Südosten; die Vorhalle (Narthex) wurde 1806 neu errichtet.*

Blick auf die von massiven Wehrmauern geschützte Klosterkirche des von Stefan Lazarević erbauten ***Wehrklosters Manasija*** *nahe der serbischen Stadt Despotovac.*

Klöster der russisch-orthodoxen Kirche

Unten: *Die Mariä-Himmelfahrt-Kathedrale des* ***Klosters Sergijew Possad*** *wurde von Iwan dem Schrecklichen zum Dank für seinen Sieg über die Tataren (1552) gestiftet.*

Unten rechts: Anordnung der wichtigsten Bauten auf dem Areal des Dreifaltigkeitsklosters Sergijew Possad bei Moskau (Nachzeichnung eines Kloster-Geländeplans).

Eines der bedeutendsten und einflussreichsten russischen Klöster, das Dreifaltigkeitskloster Sergijew Possad nordöstlich von Moskau, wurde um 1340 von dem charismatischen Einsiedler Sergius von Radonesch gegründet; um ihn versammelten sich bald weitere Mönche.

Die erste hölzerne Anlage wurde 1408 von den Tataren niedergebrannt, woraufhin steinerne Bauten errichtet wurden – so die eher schlichte Dreifaltigkeitskathedrale über dem Grab des Sergius (1422), die Kirche der Ausgießung des Heiligen Geistes (1476), die Nikon-Kirche (1548) und die Mariä-Himmelfahrt-Kathedrale (1559–1585) mit fünf Kuppeln und der angebauten Grablege des Zaren Boris Godunow (reg. 1598–1605) und seiner Familie.

Die meisten Klosterbauten – wie das ausgemalte Refektorium im Barockstil (1686–1692), der Glockenturm (1741–1770) oder die Metropoliten- und Zarengemächer – kamen im 17. und 18. Jahrhundert hinzu. Durch Eingliederung der Handwerkersiedlungen in den Klosterbereich entstand eine eigene Vorstadt (russ. *Possad*). Das Kloster, das 1608–1610 einer Belagerung durch polnisch-litauische Heere standhielt, bei der über 2000 Klosterbewohner umkamen, ist von einer 1284 Meter langen Wehrmauer mit elf Wachtürmen umgeben.

Rechte Seite oben: Der prächtig gestaltete Eingangsbereich des 510 Quadratmeter großen Refektoriums mit der eingebauten Kirche des Ehrwürdigen Sergius im Kloster Sergijew Possad.

Rechte Seite unten: Deckengestaltung und Lampe des dem Klostergründer Sergius gewidmeten, im Stil des Moskauer Barock gestalteten Refektoriums im Kloster Sergijew Possad.

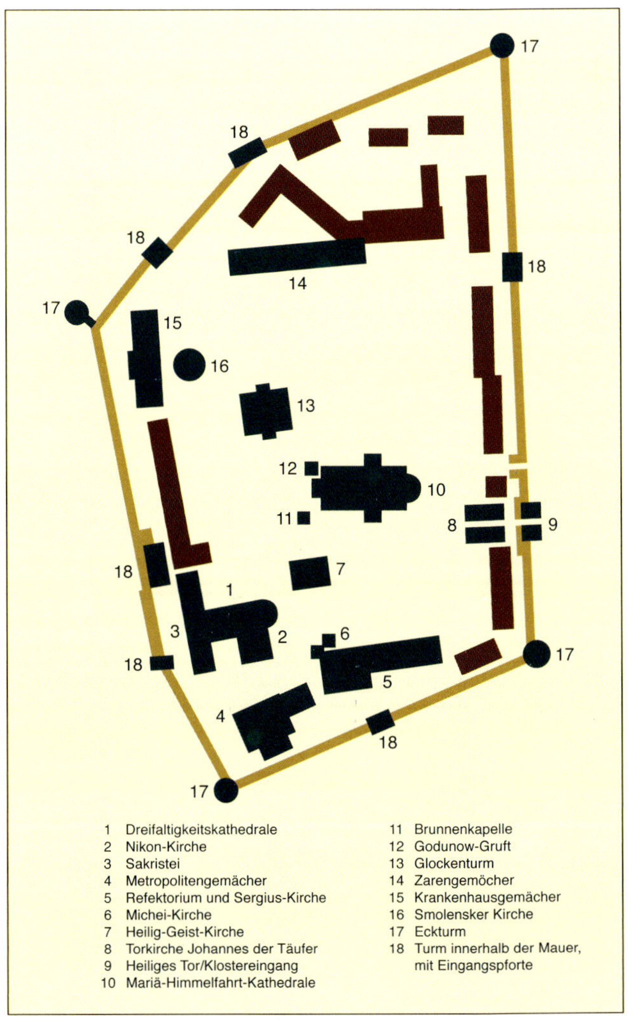

Mönche und Zaren – Spiel um die Macht

Wie sich Moskau in der Nachfolge des 1453 von den Osmanen eroberten Konstantinopel als „Drittes Rom" verstand, so wurde auch die russisch-orthodoxe Kirche zur Staatskirche Russlands. Besonders charismatische und wundertätige Mönche übten zu allen Zeiten einen entscheidenden Einfluss auf die Zaren und ihre Politik aus; selbst ein Autokrat wie Iwan IV., der Schreckliche (reg. 1533/47–1584), unterwarf sich ihrem Ratschlag.

Ein frühes Beispiel ist Sergius von Radonesch (um 1319–1392), der Gründer von Sergijew Possad. Leidenschaftlich stritt er für die Vereinigung der russischen Fürstentümer unter der Führung Moskaus und prophezeite Großfürst Dmitri Donskoi (reg. 1359–1389) seinen entscheidenden Sieg über die Mongolen 1380. Obwohl spätere Reformzaren wie Peter der Große (reg. 1689–1725) ihre politischen Einmischungen zu beschneiden versuchten, erlangten Mönche immer wieder erheblichen Einfluss – zuletzt der zwielichtige Wundermöch Grigori Rasputin (1869–1916), der die Familie des letzten Zaren, Nikolaus II. (reg. 1894–1917), in seinen Bann zog.

*Das **Solowezki-Kloster im Winter**; obwohl ein Großteil der Anlage heute Museum ist, lebt hier seit 1991 wieder eine kleine Gemeinschaft von zehn Mönchen.*

Klöster in Russlands Norden

Auf den unwirtlichen Solowezki-Inseln am Weißen Meer im Norden Russlands gründeten die Mönche Sawatij, German und Zosima 1429 eine Einsiedelei, die „neue Wüste", aus der 1436 das Solowezki-Kloster hervorging; nach der Heiligsprechung der Gründer (1547) wurde es zu einem Pilgerzentrum.

Auf dem von massiven Mauern mit sieben Toren und acht Wehrtürmen umschlossenen Klosterareal, das mehrfach dem Ansturm livländischer und schwedischer Heere trotzte, entstand 1552–1557 unter dem tatkräftigen Igumen (Klostervorsteher) Filip Kolytschew (reg. 1548–1566) die Uspenski- und 1556–1564 die Preobraschenski-Kathedrale samt weiterer, durch Säulenpassagen verbundener Klosterbauten, zu denen später noch die Verkündigungskathedrale (1596–1601), eine Wassermühle und der Glockenturm (1777) – sowie zuletzt die Kirchen St. Nikolai (1834) und St. Alexander Newski (1854) – hinzukamen.

Das Kloster, im 17. Jahrhundert Hort des Widerstandes der „Altgläubigen" gegen Kirchenreformen des Moskauer Patriarchen, diente bereits den Zaren als Verbannungsort und erlangte 1926 traurige Berühmtheit als erstes Straflager des sowjetischen Gulag-Systems. Auch das 1398 vom heiligen Mönch Ferapont gegründete Kloster Ferapontow im Oblast (Verwaltungsbezirk) Wologda ist ein Kloster in Russlands Norden, das nach dem Tod Feraponts unter der Leitung des heiligen Martinian Beloserski zum Kulturzentrum wurde.

Als erster Steinbau entstand hier 1490 die bis heute zentrale Kathedrale Mariä Geburt aus gebrannten Ziegeln; 1531 kamen das Refektorium samt der Kathedrale Mariä Verkündigung mit Glockenturm hinzu. Reich ausgestattet durch die Zaren – dem Kloster unterstanden 60 Dörfer der Umgebung – wurden dem Ensemble die zeltförmige Kirche St. Martinian (1641), die beiden Pfortenkirchen der Gotteserscheinung und St. Ferapont (1650) sowie der Glockenturm (1680) hinzugefügt.

Die Kathedrale Mariä Geburt wurde 1502–1504 von dem Maler Meister Dionissi auf 600 Quadratmeter mit berühmten Fresken von Evangelisten, Heiligen und Konzilen ausgekleidet; unter ihnen ragt der Zyklus „Hymne der Gottesmutter" (Akathistos) besonders heraus. Das Kloster Ferapontow wurde erstmals 1798 und 1924 von den Sowjetbehörden endgültig geschlossen; seit 1975 beherbergt es als Museum eine Ikonensammlung.

Links: Christus Pantokrator – ein Fresko des bedeutenden Malers Meister Dionissi in der Kuppel der Kathedrale Mariä Geburt des ***Klosters Ferapontow*** *im Norden Russlands.*

Unten: Die Ikonostase der Preobraschenski-Kathedrale des ***Solowezki-Klosters*** *aus dem 16. Jahrhundert; das Kloster war durch Salzgewinnung, Perlenzucht, Fischerei und Pelzhandel lange ein bedeutender Wirtschaftsfaktor.*

Klöster in der Region Moskau und St. Petersburg

Zum bedeutendsten und wohlhabendsten Kloster der Region Moskau wurde das 1524 von Zar Wassili III. (reg. 1505–1533) gestiftete Nowodewitschi- oder Neujungfrauenkloster – vor allem durch den Eintritt weiblicher Mitglieder der Zarenfamilie und des Hochadels.

1524/25 entstand die zentrale, der Muttergottes von Smolensk geweihte Kathedrale mit fünf Kuppeln und drei Apsiden, die zwischen 1526 und 1666 in mehreren Phasen mit Fresken ausgekleidet wurde. Aus der Frühzeit sind gleichfalls die Ambrosiuskirche und das Refektorium erhalten. Nach der zweimaligen Niederbrennung des Klosters durch Krimtataren (1571) und Polen (1611) entstanden auf dem von einer Wehrmauer aus roten Backsteinen mit zwölf Türmen umschlossenen Areal weitere Bauten, darunter die beiden Torkirchen Christi Verklärung und Mariä Schutz (1683–1688), ein neues Refektorium und Mönchsgebäude sowie der achteckige Glockenturm mit sechs Geschossen (1689/90). Das Kloster beherbergte später auch ein Militärhospital und ein Waisenhaus; 1922 wurde es aufgehoben und ist seit 1934 Museum, inzwischen auch wieder Sitz religiöser Institutionen.

Das Kloster Neu-Jerusalem (Novy Iyerusalim) in Istra bei Moskau wurde 1656 vom Moskauer Patriarchen Nikon (reg. 1652–1658) als Residenz errichtet; der streitbare Kirchenpolitiker, der 1658 wegen Dauerkonflikten mit dem Zaren und der Spaltung der Kirche in „Alt- und Neugläubige" über seine Liturgiereformen in die Verbannung gehen musste, wollte mit dem Bau die Jerusalemer Grabeskirche an Pracht noch übertreffen.

1656–1685 wurde die zentrale Auferstehungskathedrale mit dem Grab des 1681 verstorbenen Nikon erbaut, dazu die Patriarchenresidenz, Refektorium und Klosterräume, die Dreifaltigkeitskirche (1686–1698) sowie ein Wehrmauerring mit acht Türmen (1690–1694); alle Klosterbauten sind im Stil des Moskauer Barock innen und außen reich mit Kacheln, Majolika (Objekte aus Ton) und Stuck verkleidet. Bei der Säkularisierung 1764 besaß das Kloster 13 000 Leibeigene. Das 1918 geschlossene Kloster wird seit 1920 als Museum genutzt; 1941 plünderten deutsche Truppen das für seine bedeutende, von Nikon aus anderen Klöstern zusammengetragene Bibliothek berühmte Kloster und sprengten Glockenturm und Wehrtürme.

*Die zentrale Auferstehungskathedrale des **Klosters Neu-Jerusalem** in Istra. Seit 1991 lebt hier wieder eine kleine Mönchsgemeinschaft.*

*Linke Seite: Die Mariä Schutz-Kirche, eine der beiden Torkirchen des **Neujungfrauenklosters in Moskau (Nowodewitschi)**, so benannt zur Unterscheidung vom alten Frauenkloster im Kreml.*

*Rechts: Das **Neujungfrauenkloster** mit Glockenturm und der Smolensker Kathedrale in Moskau; Zar Peter der Große verbannte sowohl seine Schwester, die 1689 gestürzte Regentin Sofia, als auch seine erste Ehefrau hierhin.*

*Das **Alexander-Newski-Kloster** gehört zu der von Peter dem Großen geprägten barocken Architektur St. Petersburgs; der Zar ließ die Stadt ab 1703 aus dem Nichts erbauen.*

In einer Parklandschaft am Ende des Newski-Prospekts in St. Petersburg liegt das Alexander-Newski-Kloster. Nachdem Peter der Große 1709 die Schweden bei Poltawa geschlagen hatte, ließ er das Kloster 1710 an der Stelle errichten, an der 1240 angeblich der heilige Großfürst Alexander Newski (reg. 1236–1263) die Schweden an der Newa geschlagen hatte.

In die ab 1717 erbaute zentrale Alexander-Newski-Kathedrale ließ der Zar 1724 die Gebeine des Nationalhelden überführen. Auf dem Klostergelände, das auch (im Metropoliten-Palais) der Sitz des Metropoliten von Petersburg und Ladoga sowie einer geistlichen Akademie ist, wurden neben weiteren die Sergej-Heiliggeist- und die Muttergottes-Kirche Aller Trauernden Freude errichtet; auch die klassizistische, 1828–1835 erbaute Dreifaltigkeitskathedrale mit fünf Kuppeln gehört zum Klosterbereich. Berühmt ist das Kloster zudem für seine Friedhöfe – dem 1716 eingeweihten Lazarus-Friedhof, auf dem Wissenschaftler ruhen, und dem etwas jüngeren Tichwiner Friedhof mit Gräbern berühmter Schriftsteller und Komponisten.

Klöster in der Ukraine

Das 1527 gegründete Heilige Himmelfahrtskloster von Potschajiw in der Ukraine wurde bedeutend, als hier 1604 der heilige Mönch Hiob von Potschajiw (1551–1651) eintrat, bald darauf Abt wurde und mit streng asketischen Klosterregeln (1618) Potschajiw zum Zentrum des orthodoxen Widerstandes gegen Katholisierungsbestrebungen in der Ukraine machte.

Nach Zerstörungen durch die Osmanen (1675) entstanden die imposanten barocken Klosterbauten mit Uspenski-Kathedrale und Mönchstrakten (1771–1782), zu denen später noch das Torgebäude (1835) sowie der 65 Meter hohe Glockenturm (1861–1869) und zuletzt die Dreifaltigkeitskathedrale sowie eine weitere Kirche (1906–1912) hinzukamen.

1720 wurde das Kloster den orthodox-katholischen Basilianermönchen übertragen, nach deren Sympathien für den polnischen Aufstand von 1830/31 jedoch 1833 zur Lawra erhoben und russisch-orthodoxen Mönchen übergeben. Das Kloster durchlebte schwierige Zeiten und wurde in den Wirren nach 1917 durch die Rote Armee und 1941 durch deutsche Truppen geplündert.

*Links: Das **Himmelfahrtskloster Potschajiw** in der Ukraine wurde an der Stelle errichtet, an der im Jahre 1240 die Muttergottes einigen Bauern erschienen war; ihr Fußabdruck wird in der Uspenski-Kathedrale gezeigt.*

*Rechte Seite: Ein Friedhofsgebäude des **Alexander-Newski-Klosters in St. Petersburg**; auf dem Tichwiner Friedhof wurden neben zahlreichen anderen Künstlern der Schriftsteller F. Dostojewski sowie die Komponisten M. Mussorgski und P. I. Tschaikowski begraben.*

Als Begründer des Mönchtums in Russland gilt der heilige Antonij von Kiew (983–1073), der eines der frühesten und bedeutendsten Klöster gründete: Das als Höhlenkloster (Petscherska Lawra) bekannte Heilige Mariä-Himmelfahrt-Kloster von Kiew.

1013 bezog er, vom Berg Athos kommend, eine Einsiedlerhöhle am Ufer des Dnjepr und gründete 1051 zusammen mit dem Mönch Feodosij das Kloster, das – trotz schwerer Zerstörungen im Mongolensturm 1238 – zum geistigen Zentrum des Reiches der Kiewer Rus wurde. Die gewaltige, von Mauern umgebene Anlage umfasst heute rund 80 Kirchen, Klostergebäude, Türme und Museen und ist in zwei Bereiche geteilt: die äußerst prächtige Obere Lawra und die etwas schlichtere Untere Lawra; den Ehrentitel einer Lawra, einer Mönchskolonie, erhielt das Kloster 1688.

Die heutigen Bauten stammen fast alle aus dem 17. und 18. Jahrhundert. Zu den bedeutendsten Bauwerken zählen die Allerheiligen-, die Kreuzerhöhungs- und die Muttergottes-Geburtskirche sowie der 1731–1745 erbaute, mit Säulen verkleidete Große Glockenturm. Als letztes Ensemble entstand 1893–1895 das Refektorium (Speisesaal) mit der Antonij-Kirche.

Die zentrale Kirche des Komplexes ist die Mariä-Himmelfahrt- oder Uspenski-Kathedrale; sie wurde 1073 errichtet und anschließend beständig erweitert, 1238 von den Mongolen und 1410 von den Tataren niedergebrannt, ab 1640 im Barockstil neu erbaut – und 1941, wohl von der Roten Armee, gesprengt. Nachdem sie 1998–2000 im Barockstil erneut aufgebaut wurde, gilt sie heute als ein nationales Symbol der wechselvollen Geschichte der Ukraine. Nach der mongolischen Zerstörung fungierte die Dreifaltigkeits-Torkirche aus dem 12. Jahrhundert als Hauptkirche, die ab 1725 barock überbaut und mit Fresken ausgekleidet wurde.

Die namengebenden, künstlich angelegten Höhlen mit unterirdischen Mönchszellen, Kapellen sowie Mumien und Sarkophagen berühmter Mönche in den Gängen sind ebenfalls zweigeteilt: in die von der oberen Lawra aus „nahen" und die „fernen", von der unteren Lawra aus zugänglichen Höhlen. In den „nahen" Höhlen liegt auch der Mönch Nestor (um 1056–1114), der bedeutendste Chronist der Frühzeit Russlands, begraben. Die Sowjetbehörden ließen die Höhlen 1929 schließen, doch seit 1988 leben im Kiewer Klosterkomplex wieder rund 100 Mönche.

Links: Im neuen Glanz erstrahlt heute die zentrale Uspenski-Kathedrale (Mariä-Himmelfahrt-) des ***Kiewer Höhlenklosters*** *mit ihren goldenen Turmhauben.*

Oben: Der im Stil des ukrainischen Barock errichtete Große Glockenturm des ***Kiewer Höhlenkloster-Komplexes*** *ist mit klassischen Säulen verkleidet und hat vier Etagen. Seine größte Glocke aus dem Jahre 1903 wiegt 4,5 Tonnen.*

Klöster der syrisch-orthodoxen Kirche

*Unten: Die Ruinen des Hauptbaus des **Simeonklosters Qal'at Sim'an** umschließen in seiner Mitte die Reste der ursprünglich 18 Meter hohen Säule, auf deren zwei Quadratmeter großer Plattform der heilige Symeon über 30 Jahre betend und predigend lebte.*

Eines der ältesten Klöster der Christenheit ist das 397 von den Heiligen Samuel (gest. 409) und seinem Schüler Simon (gest. 433) gegründete Kloster Mor Gabriel im Süden der Türkei. Der Abt des für seine Handschriftensammlung und Klosterschule weithin berühmten Klosters, das im 6. Jahrhundert etwa 1000 Mönche beherbergte, wurde 615 syrisch-orthodoxer Bischof der Region Tur Abdin (Berg der Gottesknechte). Der wundertätige Abt-Bischof Mor Gabriel (reg. 634–668) gab dem Kloster seinen Namen.

Die Klosterbauten aus beigem Sandstein wurden ab dem 5. Jahrhundert errichtet, die Theodora-Klosterkuppel mit 11,5 Metern Durchmesser im 6. Jahrhundert; bedeutend sind die byzantinischen Mosaiken der Böden und Wände. Während des vom Osmanischen Reich veranlassten und von Türken und Kurden begangenen Genozids an dem aramäischsprachigen christlichen Volk der Suryoye (Assyrer) war das Kloster geschlossen (1915–1919). Seit 2008 steht Mor Gabriel in den Schlagzeilen, da umliegende Kurdendörfer den Klosterabriss verlangen (mit dem Vorwurf rechtswidriger Ansiedelung), was zu internationalen Protesten führte.

In derselben Region liegt auch das nach der safrangelben Farbe seiner Gebäude Deir az-Zafaran genannte, von hohen Mauern umschlossene Kloster Mor Hanania, das 493 vom heiligen Eugenius oder 792 vom Mönch Ananias (Hanania) gegründet wurde und 1207–1923 Sitz des Patriarchen der syrisch-orthodoxen Kirche war. Sowohl die Marienkirche als auch die Hauptkirche des Klosters mit pyramidenförmigem Dach und einer Grabkapelle über den Gräbern von 36 Patriarchen wurden unter Kaiser Anastasios I. (reg. 491–518) errichtet.

An dem Ort, an dem in Nordsyrien der bereits zu Lebzeiten verehrte Säulenheilige Symeon Stylites der Ältere (389–459) auf einer Steinsäule lebte, ließ Kaiser Zenon (reg. 474–491) auf einer Fläche von fünf Quadratkilometern ein Wallfahrtszentrum errichten: Vom achteckigen Hauptraum des Simeonklosters Qal'at Sim'an mit den Resten der Säule aus erstrecken sich vier dreischiffige Basiliken in alle Himmelsrichtungen, die Ostbasilika mit drei Apsiden. Vom Südportal, dem Eingangsbereich, zog sich durch einen Torbogen ein Weg vorbei an Pilgerherbergen zur 300 Meter südlich gelegenen Taufkapelle mit großem Taufbecken.

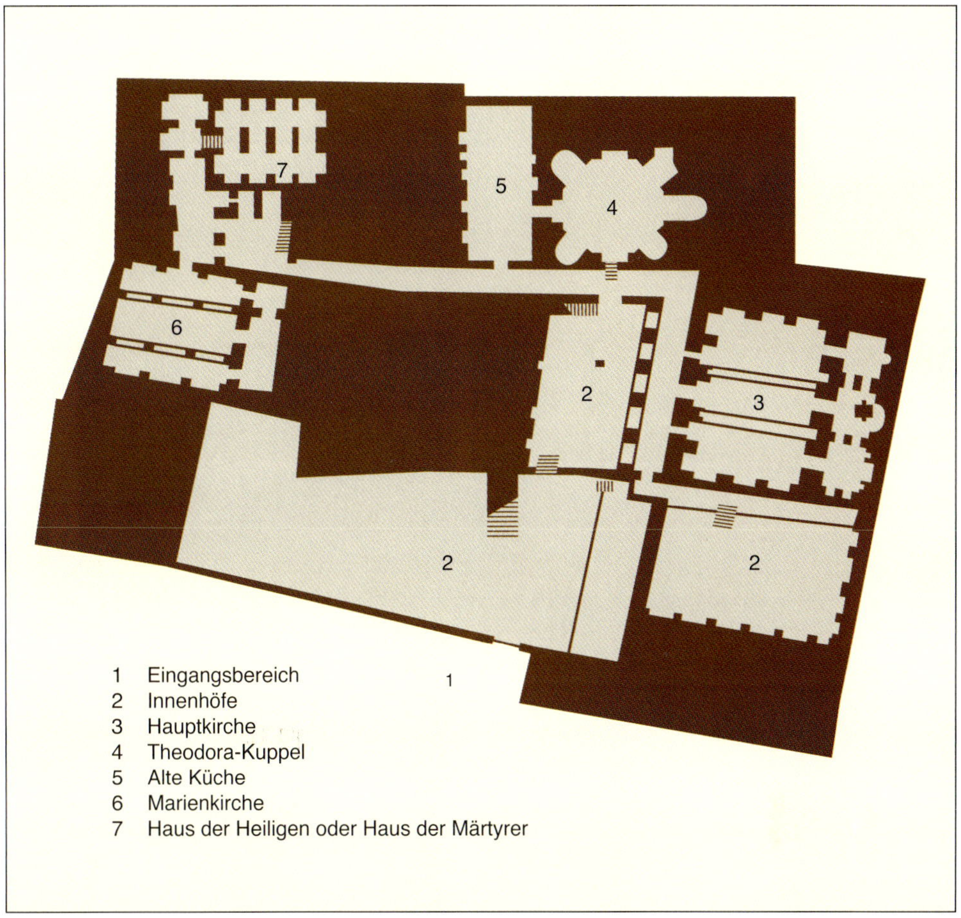

Oben: Das ***Kloster Deir az-Zafaran*** *wurde auf den Resten antiker Tempelanlagen errichtet. Der Überlieferung nach sollen 12 000 Märtyrer auf dem Klostergelände begraben sein.*

Plan der Anlage von Kloster Mor Gabriel (Modellzeichnung).

Unten: Das ***Kloster Mor Gabriel*** *im Süden der Türkei – geistliches Zentrum der syrisch-orthodoxen Kirche; sein Abt, Mor Timotheos Samuel Aktas, ist seit 1985 Metropolit von Tur Abdin, das Kloster also wieder Erzbischofssitz.*

Klöster der koptischen Kirche

Blick auf die zentrale Paulus-Grabeskirche des von Palmen umgebenen ***Paulusklosters*** *in der ägyptischen Wüste; der Komplex des Paulusklosters ist kleiner als der des bekannteren Antoniusklosters.*

Die ältesten Klöster der ägyptischen Kopten gehen auf die Anfänge des christlichen Mönchtums zurück. Um 280 zog sich der Eremit Paulus von Theben (228–343) in eine Höhle des Niltals bei Maimun zurück; in seiner Nähe siedelte bald auch der Wüstenvater Antonius der Große (251–356), der 312 die erste Klosterregel überhaupt verfasste.

Das von seinen Jüngern 356 gegründete Antoniuskloster (Deir Mar Antonios) ist eher ein von Mauern umschlossenes Mönchsdorf und das älteste, bis heute aktive Kloster der Christenheit; sein Wehrturm mit Zugbrücke, in den sich die Mönche bei Gefahr zurückzogen, ist das älteste Gebäude. Der Komplex besitzt sieben Kirchen; zentral ist die Grabeskirche des Antonius, die im 10. bis 13. Jahrhundert mit Fresken ausgekleidet wurde – unter ihnen ragen Porträts von Soldatenheiligen hervor. Berühmt ist das Kloster für seine Bibliothek mit über 1700 alten Handschriften. Die bis heute streng asketisch lebenden Mönche nehmen mittags ihre erste Malzeit des Tages zu sich – an den gut 200 Fastentagen des Klosters sogar erst am frühen Abend.

Vom Antoniuskloster, das über eine Kornmühle und eine Olivenpresse verfügt, steigt man über 1158 Steinstufen zur 280 Meter oberhalb gelegenen Antoniushöhle auf,

in welcher der Heilige seine letzten Lebensjahre verbrachte. Das Kloster wurde mehrfach geplündert und teilweise zerstört, zuletzt 1454 durch Beduinen. Seit 1676 stellte das Antoniuskloster für gut 200 Jahre den in Alexandria residierenden Patriarchen der koptischen Kirche, der auch den Titel „Papst" trägt.

Das ebenfalls mit Mauern und einem massiven Wehrturm versehene Pauluskloster (Deir Mar Boulos) nahebei wurde im 7./8. Jahrhundert errichtet und besitzt vier Kirchen – als jüngste die Kirche des heiligen Michael von 1777. Die zentrale Grabeskirche des Paulus von Theben – mit dem Sarkophag des Heiligen im Süden des Kirchenschiffs – ist eine Höhlenkirche mit drei Altarräumen unter ausgemalten Kuppeln; die alten, später übermalten Wandfresken sind nur an wenigen Stellen freigelegt. Das Pauluskloster wurde 1484 von Beduinen geplündert und später für rund 120 Jahre aufgegeben, bevor die Bauten ab 1701 wieder instand gesetzt wurden.

Oben: Das alte Refektorium mit aus dem Stein gehauenen Essenstisch und Bänken im ***Antoniuskloster am Galala-Plateau*** *in der ägyptischen Wüste.*

Durch schmale Kanäle werden die Räume und Gärten des ***Antonius-Wüstenklosters*** *mit Wasser aus einer Quelle versorgt, die in einer Felsnische entspringt.*

Nach dem Vorbild des heiligen Antonius und anderer charismatischer Wüstenväter zogen sich im 4. Jahrhundert mehrere heilige Mönche in die Sketische Wüste des ägyptischen Wadi an-Natrun (Natrontal) zurück und bildeten mit ihren Schülern kleine Eremitengemeinschaften; ihre zentrale Gestalt war Makarios der Ägypter oder Makarios der Große (um 300–390); auf seine Schüler oder Gefährten gehen auch die vier erhaltenen Klöster des Wadi an-Natrun zurück, deren anfangs vielfach hölzerne Bauten im 5. und 6. Jahrhundert entstanden, jedoch nach mehrfachen Plünderungen durch Beduinenstämme in späteren Jahrhunderten aus Stein neu erbaut wurden. Erhalten sind das Kloster des heiligen Makarios (Deir Anba Maqar), das Kloster des heiligen Borromäus (Deir al-Baramus), das Kloster der Syrer (Deir as-Suryan) und das Kloster des heiligen Bischoi (Deir Anba Bischoi). Letzteres gründete der heilige Bischoi (um 320–417) als Eremitengemeinschaft im Wadi an-Natrun, aus der sich ein von starken Mauern umgebenes Kloster mit einem massiven Wehrturm und fünf Kirchen entwickelte.

Der ursprüngliche Bau der zentralen Bischoi-Grabeskirche im Süden des Komplexes, die im 11. Jahrhundert eine Kapelle als Anbau erhielt, wurde beim schwersten Beduinen-Angriff auf die Klöster des Wadi an-Natrun (830–848) zerstört, jedoch um 1330 durch den Kopten-Patriarchen Benjamin II. (reg. 1327–1339) neu errichtet. Die zumeist hölzernen Innenbauten der dreischiffigen Kirche mit dreiteiligem Altarraum stammen ebenfalls aus der Zeit Benjamins II., dessen Gebeine wie die des heiligen Bischoi und seines Gefährten, des heiligen Paulus von Tammua (gest. 415), in Sarkophagen im Kirchenschiff ruhen. Das Kloster, dessen Mönchszellen hinter der Bischoi-Kirche liegen, besitzt drei Refektorien und die kleinere Klosterkirche St. Iskhyrun an der Nordseite des Altarraumes ein Baptisterium mit steinernem Taufbecken.

Nachdem in den 1970er-Jahren nur noch 14 Mönche im Kloster lebten, sind es heute wieder über 160. Die Wiederbelebung der Klöster im Wadi an-Natrun ist auch den Aktivitäten des seit 1971 amtierenden Kopten-Papstes Shenouda III. (geb. 1923) zu verdanken, der das Bischoi-Kloster zu seiner Residenz machte.

*Oben: Eine Freskomalerei in der Kirche des **Klosters St. Bischoi** zeigt die Jungfrau Maria und den Erzengel Gabriel, umgeben von den Propheten Moses, Jesaja, Hesekiel und Daniel.*

*Aus Sandstein erbaute Kirchengebäude mit Kuppeln im **Kloster St. Bischoi**, einem der vier noch existierenden Klöster im ägyptischen Wadi an-Natrun.*

*Rechte Seite: Wie ein unüberwindlicher Steinwall wirken die Mauern des **Klosters St. Bischoi im Wadi an-Natrun**. Trotzdem wurden die dortigen Klöster in ihrer Frühzeit mehrfach von Beduinen geplündert.*

Klöster der äthiopischen Kirche

*Die **Klosterkirche Debre Berhan Selassie** in der äthiopischen Residenzstadt Gondar nimmt auf den „Berg des Lichts" (Debre Berhan) Bezug, an dem Kaiser Zara Yakob (reg. 1434–1468) im Jahre 1456 seine gleichnamige Residenzstadt gegründet hatte.*

Die äthiopische Kirche unterstand lange der koptischen Kirche Ägyptens, doch bildete Äthiopien – ein Hort des Christentums inmitten muslimischer Nachbarn – früh ein eigenständiges Glaubensleben aus und errang auch kirchlich seine Selbstständigkeit.

Die 1636 errichtete Residenzstadt Gondar ist vor allem durch die Palastkomplexe (Gemp) und Kirchenbauten ihres Gründers Kaiser Fasilidas (reg. 1632–1667) und seiner Nachfolger geprägt. Kaiser Iyasu I. (reg. 1682–1706) ließ das 1694 geweihte, mit Wehrmauern und Türmen umgebene Kloster Debre Berhan Selassie (Dreieinigkeit auf dem Berg des Lichts) errichten. Die Klosterkirche ist eine rechteckige Basilika mit Pfeilerumgang und einer Zweiteilung in Vorraum (Kirchenschiff für die Gläubigen) und Allerheiligstem. Die Kirche wurde vollständig mit Wand- und Deckenmalereien ausgekleidet, die Szenen der Bibel sowie aus dem Leben Christi und Mariens zeigen. Die Deckenbalken sind mit geflügelten Engelsköpfen bemalt, deren große Augen typisch für den Stil der Gondar-Malerei sind.

Als ältestes Kirchengebäude Äthiopiens gilt das um 550 von dem heiligen Mönch Abuna oder Za Mikael Aregawi gegründete Kloster Debre Damo. Das für Frauen verbotene Klosterplateau von 600 x 250 Metern der völlig autark lebenden Mönche ist nur über Seile zugänglich, an denen man 25 Meter am nackten Felsen hinaufgezogen wird. Von den zwei Klosterkirchen ist die ältere eine Basilika aus dem 7. – 11. Jahrhundert, deren Wände mit abwechselnden Reihen von Holz und Kalkstein gestaltet wurden. Die hölzernen Bauteile, besonders die Kassettendecke des Narthex, sind reich mit Schnitzwerk von Tieren und Fabelwesen verziert. Die Decke des Kirchenschiffs wurde mit Steinträgern aus dem altäthiopischen Machtzentrum Aksum gestaltet, wie auch im gesamten Kloster der Einfluss aksumitischer Bauweise zu erkennen ist.

Das Kloster diente Kaiser Lebna Dengel (reg. 1508–1540) und seiner Familie während der verheerenden Feldzüge des muslimischen Sultans von Adal, Ahmad ibn Ibrahim al-Ghazi (1527–1543), als Zufluchtsort und wurde später als eine Art Staatsgefängnis für entmachtete kaiserliche Prinzen genutzt.

*Oben: Die Klosterkirche des unzugänglichen **Wehrklosters Debre Damo**; der Legende nach wurde der Gründer Za Mikael Aregawi mit Hilfe der Engel von einer Schlange den Felsen emporgezogen.*

*Rechts: Der steinerne Eingangsbereich und ein Gebäude des **Klosters Debre Berhan Selassie in Gondar**.*

Auf den meisten der 37 Inseln im Tanasee, dem größten See Äthiopiens, wurden ab dem 14. Jahrhundert Klöster errichtet; die Klosterkirchen sind bis auf zwei Ausnahmen Rundbauten aus Holz und Stein, umgeben von zwei Umgängen, die ein Strohdach stützen; im Zentrum befindet sich der rechteckige Schrein mit dem Allerheiligsten. Während der Kriegszüge des Ahmad ibn Ibrahim al-Ghazi im 16. Jahrhundert wurden in diese Klöster wertvolle Handschriften und andere Kirchenschätze in Sicherheit gebracht.

Die Klosterfestung auf der Halbinsel Zeghie wurde Anfang des 17. Jahrhunderts erbaut, angeblich von Engeln und dem Heiligen Georg, von dessen Pferd ein Hufabdruck gezeigt wird. Die Klosterkirche Uhra Kidane Mehret wurde Ende des 19. Jahrhunderts mit biblischen Szenen, Heiligendarstellungen und Stifterbildern ausgemalt; zu ihnen zählt die Legende vom Menschenfresser Belay, der beim Jüngsten Gericht gerettet wurde, weil er trotz seiner Untaten einem armen Bettler Wasser gab. Das Kloster bewahrt vier Kronen und einen Krönungsmantel, die angeblich von äthiopischen Herrschern getragen wurden.

Die Insel Dek, die größte der Inseln im Tanasee, besitzt insgesamt vier Klosterkirchen; vor ihrer Westküste liegt die in Trockenzeiten über einen Steinpfad zugängliche Insel Nargha Selassie mit der 1746 von Kaiserin Mentewab (Mitregentin 1730–1755) erbauten Selassie-Klosterkirche, deren Runddach von 24 Steinpfeilern gestützt wird.

Um 1750 wurde die Kirche mit Gemälden von Engeln und Heiligen im Gondar-Stil ausgekleidet, darunter ein Bild der Kaiserin Mentewab zu Füßen Mariens. Auch wurde hier die Kopie eines berühmten wundertätigen Bildes von Christus mit der Dornenkrone angebracht, das „Kwer'at Re'esu" (Schlagen seines Kopfes); das Original führte Kaiser Iyasu II. (reg.1730–1755) auf seinen unglücklichen Feldzügen gegen die Muslime mit sich, bevor es von den Muslimen erbeutet wurde, 1868 in die Hände der Briten fiel, von diesen wiederum versteigert wurde und in Privatbesitz nach Portugal gelangte. Über dem Eingang hängt auch ein Porträt des britischen Entdeckungsreisenden James Bruce (1730–1794), der 1770/71 Gondar und die Tanasee-Klöster bereiste.

*Ein freskoartiges Wandgemälde der **Klosterkirche von Nargha Selassie** im Gondar-Stil des 18. Jahrhunderts; viele dieser Gemälde wurden auf Textilien gemalt und dann an den Kirchenwänden angebracht.*

*Rechts: Der innere Umgang und äußere Wandbilder der Rundkirche des **Klosters Uhra Kidane Mehret** auf der Halbinsel Zeghie im äthiopischen Tanasee.*

*Linke Seite: Steinerne Wehrmauern mit Wach- und Eingangstürmen umgeben das **Kloster Nargha Selassie** auf der Insel Dek, eines der bedeutendsten Inselklöster im Tanasee.*

Klöster anderer Religionen

Hinduismus
Buddhismus
Jainismus
Daoismus
Islam

*Vorhergehende Doppelseite: Der gewaltige Palastkomplex des **Potala-Klosters bei Lhasa** (Tibet), lange Regierungssitz des Dalai Lama.*

Die vielarmige Göttin Taleju an einem Tympanon des Taleju-Tempels auf dem Durbar-Platz in Kathmandu (Nepal); Taleju, deren Segen einst die Herrscher Nepals erbaten, gilt als Inkarnation der Hindu-Göttin Durga.

*Unten: Mönche im Gebet vor einem Gebäude der **Vaishnava-Klöster auf der Insel Majuli** im indischen Bundesstaat Assam.*

Klöster im Hinduismus

Das Klosterleben stellt nur eine der zahlreichen religiösen Lebensformen im Hinduismus dar; Klöster sind hier Orte des Rückzugs von der Welt in bestimmten Lebensabschnitten. In den traditionellen Mathas – Hindu-Klöstern mit eigenem Tempel – leben Angehörige der Priesterkaste der Brahmanen, allerdings nicht zölibatär und auch nicht unbedingt ihr Leben lang; Weltabgeschiedenheit suchen sie vor allem während einer Zeit der Selbstfindung als Schüler (Brahmacarin). Mathas etablierten sich erst etwa ab dem 9. Jahrhundert; ihnen sind häufig Schulen, Kranken- oder Waisenhäuser angegliedert. Religiöse Lehrer (Swamis oder Gurus) stehen meistens einem Ashram (s. S. 172/73) vor; religiöse Asketen wie Sadhus (Wanderasketen) oder Rishis (Weise, die oft als Eremiten im Wald leben) hingegen gehören keinem Matha an.

In Mathas leben Anhänger der indischen Hauptgötter; man unterscheidet Mathas der Anhänger Vishnus – Vaishnavas genannt –, Shivas – Shaivas genannt – und der weiblichen Muttergottheiten (Shakti) sowie solche Mathas, die zu einzelnen Reformrichtungen oder neu gegründeten Schulen und Zweigen innerhalb der Kulte für die großen Hindu-Gottheiten gehören.

Ein Zentrum hinduistischen Klosterlebens ist die im Fluss Brahmaputra gelegene Insel Majuli im indischen Bundesstaat Assam. Hier wirkte der Sozialreformer Srimanta Sankardeva (1449–1568), der mit seinem Mahapurushiya Dharma (etwa: Lehre vom Großen Menschen, nach dem mythischen Urmenschen Purusha) einen monotheistischen Vishnu-Kult etablierte und das religiöse Leben Assams prägte. Auf ihn und seinen Schüler Madhabdeva sollen 665 Klöster und Einsiedeleien im Staat Assam – Satras genannt – zurückgehen, davon allein 65 auf Majuli; von ihnen sind heute noch 22 erhalten.

Viele dieser Satras sind für ihr religiöses Kunsthandwerk berühmt – so zum Beispiel das Shamaguri Satra für religiöse Masken; andere sind Zentren kultureller Studien und Literatur oder unterhalten Schulen und Kollegien. Sämtliche Satras haben als eine religiöse Ausdrucksform jeweils eigene Tänze entwickelt (Satriya-Tänze oder Bongeet Matiakhara), die auf Sankardeva zurückgeführt werden. So brachte das Auniati Satra – eines der vier Haupt-Satras auf Majuli mit weltweit über 700 000 Anhängern – die Apsara-Tänze hervor.

Oben: Lingams im ***Jangambari-Kloster in Varanasi;*** *Lingams sind Phallussteine, die mit Blumen geschmückt und geweihten Flüssigkeiten übergossen werden und die regenerative Kraft des Gottes Shiva repräsentieren. Sie stehen in einer Schale (Yoni), die das weibliche Geschlecht symbolisiert.*

Blick in das Innere eines ***Klostertempels auf der Insel Majuli*** *mit einer Götterfigur in einem hölzernen Schrein.*

ಶ್ರೀ ಆದಿ ಶಂಕರಾಚಾರ್

Shankara-Klöster

Deutliche Züge einer Mönchsgemeinschaft tragen die von Shankara (788–820) gegründeten Klöster. Shankara war der bedeutendste Denker der nachvedischen Epoche und entwickelte die bis heute den Hinduismus prägende Philosophie des Advaita Vedanta (Lehre von der Nicht-Dualität), wonach die menschliche Einzelseele (Atman) letztlich identisch ist mit der Gesamtseele des Alls (Brahman) und alle Vielheit und Getrenntheit, also auch die vielfältige Welt, in Wahrheit bloß Schein (sanskr. maya: Schleier) ist. Alle Götter, auch Vishnu und Shiva, sind Manifestationsformen (Inkarnationen) des all-einen Brahman.

Um den Anhängern seiner Lehre auch organisatorisch eine Einheit zu verleihen, gründete Shankara vier Klöster in Indien (den Himmelsrichtungen entsprechend): Uttaramnaya Matha in Joshimath/Uttarakhand (Norden), Govardhana Matha in Puri/Orissa (Osten), Sringeri Sharada Peetham in Shringeri/Karnataka (Süden) und Dwaraka Pitha in Dwaraka/Gujarat (Westen). Sie alle wurden zu bedeutenden Pilgerstätten; als bedeutendstes und ältestes unter ihnen gilt das Südkloster Sringeri Sharada Peetham, in dem Shankara zwölf Jahre seines kurzen Lebens als erster Vorsteher verbracht haben soll.

Der Überlieferung nach gründete Shankara das Sringeri-Kloster am Ufer des heiligen Flusses Tunga mit vier Schülern auf ein göttliches Zeichen hin; seit dem 14. Jahrhundert ist das Klosterleben umfassend dokumentiert. Die vegetarisch lebenden Gurus (Mönche) von Sringeri tragen ockerfarbene Roben, reiben ihr Gesicht mit geweihter Asche ein und verbringen mehrere Stunden täglich in Gebet und Meditation. Sie betonen das Studium der heiligen Schriften (Veden und Shastras), die Bedürfnislosigkeit sowie die Liebe und Verantwortung der Gurus untereinander.

Der Vorsteher von Sringeri Sharata Peetham trägt den Titel Jagadguru (Lehrer der Welt); der derzeit (seit 1989) amtierende Jagadguru, Sri Baharati Tirtha, ist der 35. in ununterbrochener Nachfolge Shankaras. Bei religiösen Zeremonien nimmt er, angetan mit einer goldenen Krone, auf einem goldenen Thron im zentralen Sharadamba-Tempel Platz. Die Anlage von Sringeri wie der drei anderen Mutterklöster wurde von zahlreichen Herrschern gefördert und mit Tempeln und Bauwerken beständig ausgebaut.

Linke Seite: Ein kleiner Tempel auf dem Gelände des ***Advaita-Vedanta-Klosters Sri Shankara Matha in Bangalore****, das ebenfalls zu der von Shankara gestifteten Mönchsgemeinschaft gehört.*

Unten: Der westliche Eingang des Vidyashankar-Tempels auf dem Klostergelände von ***Sringeri Sharata Peetham;*** *der Tempel mit goldener Kuppel aus dem 14. Jahrhundert ist außen mit Steinfiguren verkleidet, die Götter und Szenen der Hindu-Überlieferung zeigen.*

Ashrams

International weithin bekannt sind die Ashrams, klosterähnliche Meditationszentren in Indien (sanskr. *ashram*: Ort der Anstrengung). In ihnen versammeln und lehren indische Denker als spirituelle Leiter (Gurus) ihre Anhänger, allerdings ohne Ordination oder lebenslanges Gelübde.

1915 gründete Mahatma Gandhi (1869–1948) den Sabarmati- oder Harijan-Ashram mit Viehzucht und Schulen in Ahmedabad/Gujarat; hier entwickelte er seine Lehre von der Gewaltfreiheit (Ahimsa) und sein Konzept des gewaltlosen Widerstandes gegen die britischen Kolonialherren. Und von hier aus führte er im März 1930 den berühmten Salzmarsch durch Indien an, kehrte aber anschließend nicht mehr in den Ashram zurück. Sein Wohnhaus auf dem Gelände ist heute Museum und zeigt unter anderem sein Spinnrad, an dem er die Inder lehrte, ihre eigene Kleidung selbst zu fertigen (als Widerstand gegen britischen Warenimport). Der heutige Ashram mit Erziehungseinrichtungen und Gästehaus wurde 1963 von seinem Mitstreiter Jawaharlal Pandit Nehru eingeweiht.

Rechts: Gebäude des ***Sri Aurobindo-Ashrams in Puducherry****; der Lehrer des Integralen Yoga machte indische Weisheit und Meditationspraktiken weltweit bekannt.*

Unten: Der am Ganges gelegene ***Ashram von Rishikesh****, Zentrum der Lehre des Maharishi Mahesh Yogi (1918–2008), bei dem zahlreiche internationale Künstler – darunter 1968 die Beatles – Meditations- und Yogapraktiken erlernten.*

Links: Der von Mahatma Gandhi gegründete ***Sabarmati-Ashram in Ahmedabad*** *mit einer Statue des großen Philosophen der Gewaltlosigkeit. Gandhi richtete hier Lehrstätten für Handwerk und Landwirtschaft ein.*

Unten: Der Eingang zum ***Ashram von Joranda*** *(Dhenkanal-Distrikt, Bundesstaat Orissa), dem Zentrum des Mahima Dharma (Glorreiche Lehre), einer im 19. Jahrhundert von Mahima Gosain gegründeten monotheistischen Schule des Hinduismus, deren Anhänger wie ein Mönchsorden organisiert sind.*

Den vielleicht bedeutendsten modernen Ashram gründete 1926 Sri Aurobindo Ghose (1872–1950) in Puducherry (Hauptstadt des Unionsterritoriums, Enklave im Bundessaat Tamil Nadu). Aurobindos Lehre vom Integralen Yoga zog Anhänger aus aller Welt an, und 1950 lebten rund 800 Menschen im Ashram mit Hauptgebäude und Hof, in dem das täglich frisch geschmückte Mausoleum des Gründers (Samadhi) liegt – nebst Bibliotheksgebäude, Gästehaus und Hotel, Küchen und Speisesälen, zahlreichen Werkstätten und Betrieben, Sportplätzen, Schulen und einem Universitätszentrum.

Aurobindos spirituelle Partnerin Mirra Alfassa (1878–1973, die Mutter genannt) leitete den Ashram nach seinem Rückzug aus der Öffentlichkeit und offiziell nach seinem Tod; sie veranlasste in seinem Geist die Gründung der 1968 eingeweihten, nordwestlich des Ashrams gelegenen internationalen und selbstverwalteten Stadt Auroville, die spiralförmig um den zentralen Tempel Matrimandir (Tempel der Mutter) herum angelegt wurde. Im Jahre 2006 lebten hier 1829 Menschen aus 40 Nationen; im Januar 2009 weihte der Dalai Lama hier einen Pavillon der tibetischen Kultur ein.

Klöster im Buddhismus

Durch die mönchische Lebensweise des Stifters der buddhistischen Lehre, Gautama Buddha (563–483 v. Chr.), spielten Klöster mit Tempeln und Pagoden sowie Mönche und Nonnen im Buddhismus stets eine wesentliche Rolle und prägen in Ländern wie Myanmar (Burma), Thailand oder Tibet auch heute das öffentliche Leben.

In Bodh Gaya (Bihar/Indien) erlangte Gautama Buddha, unter einer Pappelfeige (Bodhi-Baum) meditierend, die Erleuchtung oder Erwachung (Bodhi) und formulierte die Grundzüge seiner Lehre.

Der Ort mit einem Kloster wurde zum zentralen Wallfahrtsort der Buddhisten; im 1.–3. Jahrhundert wurde dort der 55 Meter hohe, pyramidenförmige Mahabodhi-Tempel (Tempel des Großen Erwachens) aus Ziegeln errichtet. An seiner Basis wurden 85 Buddha-Statuen aus dem 1. Jahrhundert v. Chr., in seinem Innern eine vergoldete Statue des meditierenden Buddha aufgestellt. Westlich des Tempels befindet sich der Bodhi-Baum mit einer Plattform aus rotem Sandstein (dem sogenannten Diamantenthron) davor: der Ort, an dem Buddha zum Erwachen gelangte.

*Der **Mahabodhi-Tempel in Bodh Gaya** (Bihar/Indien): Hier erlangte Gautama Buddha die Erwachung (Bodhi).*

Mönche und Laien – zwei Wege der Erlösung

Tibetische Mönche im Gebet vor dem Bodhi-Baum an Gautama Buddhas Wirkungsstätte Bodh Gaya; die Mönche der Frühzeit mussten erst auf Konzilien überzeugt werden, dass auch Laien zur Erlösung gelangen können.

Ausgehend von der Lebensweise Gautama Buddhas, war der Buddhismus zunächst ein reiner Weg der Mönche (Sangha); diese bewahrten die Lehrsätze des Meisters und lebten nach strengen Mönchsregeln (Vinaya) der Armut, Enthaltsamkeit, Friedfertigkeit und Zurückgezogenheit von der Welt. Dieser frühe Theravada- oder Hinayana-Buddhismus (Kleines Fahrzeug) war keine Religion, sondern vielmehr eine Lehre der Selbsterkenntnis und der Suche der Mönche nach Erlösung (Aufgehen im Nirwana).

Vor allem durch die Förderung des indischen Maurya-Kaisers Ashoka (reg. 268–232 v. Chr.) erfasste der Buddhismus auch die Laien in Form des weniger strengen und stärker ins Alltagsleben integrierten Mahayana-Buddhismus (Großes Fahrzeug), der Formen einer Religion annahm; die Figur Buddhas bekam göttliche Züge, das Nirwana wurde eine Art Paradies. Gegen die elitäre Selbsterlösung der Mönche durch Erkenntnis setzten die Mahayana-Lehren auf eine Ethik des Mitleids und der Lehre von Bodhisattvas: Erlösungswesen, die ihr Eingehen ins Nirwana aufschieben, um anderen Wesen auf Erden zur Erlösung zu verhelfen.

Reich geschnitzte Bildwerke mit Szenen des volkstümlichen Buddhismus an dem vom burmesischen König Mindon Min (reg. 1853–1878) errichteten ***Palastkloster Shwenandaw in Mandalay*** *(Myanmar).*

Klöster in China

Der Buddhismus soll bereits im 1. Jahrhundert nach China gekommen sein, setzte sich aber erst später durch. Der Mönch Bodhidharma (gest. 532) gilt als Gründer der chinesischen Ausprägung, des Chan-Buddhismus. 527 besuchte er das 495 am Songshan – einem der fünf heiligen Berge Chinas – gegründete Kloster Shaolin (Junger Wald) in der Provinz Henan und soll die dortigen Mönche die Grundregeln des Kung Fu (auch: Shaolin Quanfa) gelehrt haben; für die Kampfkunst ist das Kloster bis heute berühmt.

Seit der Tang-Dynastie (618–907) war Shaolin das Zentrum des mönchischen Chan-Buddhismus – die Zahl der Mönche wuchs zu einer Armee von 2500 Kämpfern an, die das Kaiserhaus schützten –, und der Abt erhielt unter den Yuan-Kaisern (1271–1368) die Oberaufsicht über alle buddhistischen Klöster Chinas. Berühmt wurde das Klosterareal für seine über 5000 Gebetshallen, den Tempel des Ersten Patriarchen (Bodhidharma) und seinen Wald aus steinernen Pagoden und Stelen, deren Inschriften bis in das Jahr 549 zurückreichen. Im 20. Jahrhundert geriet das Kloster mehrfach in die politischen Wirren des Landes und wurde 1928 letztmalig zerstört, wobei zahlreiche Schriften und Kunstschätze verloren gingen.

Bedeutend ist auch das 741 errichtete Kloster Baoguang in der Provinzhauptstadt Chengdu (Sichuan), das um 1100 die steinerne Sheli-Pagode mit 13 Stockwerken (30 Meter hoch) erhielt. In seinen Gebetshallen, besonders der 1851 errichteten zentralen Arahat-Halle, bewahrt das Kloster zahlreiche Kostbarkeiten, zu denen neben zwei über fünf Meter hohen Schmuckpagoden mit Reliquien Buddhas und einer Steintafel mit 1000 eingeritzten Figuren 59 überlebensgroße Statuen von Buddhas und Bodhisattvas (Erlösungswesen) zählen – sowie 518 Statuen von Arhats (Heiligen).

1906 gründeten Mönche auf der Insel Lantau in Hongkong eine „Große Behausung“, die 1924 zum Kloster (Abtei) Po Lin (Kostbarer Lotus) erhoben wurde. Ab 1928 wuchs das Gelände – zunächst mit der „Halle der Vollkommenen Erleuchtung“, Abtgemächern und Gästehaus, ab 1932 mit weiteren Hallen sowie dem Tempel und der Lotus-Pagode – zu einem bedeutenden Klosterzentrum, dessen Äbte als Gelehrte hervortraten. Nahe dem Kloster wurde bis 1993 eine riesige Bronzestatue Buddhas, der Tian Tan Buddha (34 Meter hoch), errichtet sowie 1998 ein weiterer Bronze-Buddha im Klosterhof.

*Linke Seite: Das bedeutende **Chan-Kloster Shaolin bei Dengfeng** (Henan), dessen Mönche bis heute für ihre Kampfkünste „Shaolin Quanfa“ (Shaolin-Faust-Fähigkeiten) und harte Selbstzucht berühmt sind.*

*Die 30 Meter hohe Sheli-Pagode des **Klosters Baoguang in Chengdu** (Sichuan); nach dem Einsturz des oberen Teils wurde dieser oberhalb des siebten Stockwerks unter der Ming-Dynastie (1368–1644) neu errichtet, allerdings in veränderten Proportionen, wodurch die Pagode eine deutliche Neigung nach Westen zeigt.*

*Rechts: Die „Halle der Vollkommenen Erleuchtung“: die traditionell gestaltete Haupthalle im Areal des **Klosters Po Lin in Hongkong**.*

Der mit Gold verkleidete obere Teil des Haupttempels im ***Kloster Samye bei Lhasa,*** *dem ältesten Kloster Tibets, das Ausgangspunkt zahlreicher Klostergründungen war.*

Klöster in Tibet

Tibet gilt als das Land der Klöster schlechthin, und tatsächlich existierten hier bis zu den Zerstörungen durch die chinesische Kulturrevolution (1966–1976) rund 6000 Klöster. Der Buddhismus gelangte erstmals im 6. Jahrhundert nach Tibet, konnte sich aber – ähnlich wie in China – erst später im 8./9. Jahrhundert mit dem überragenden Lehrmeister und Mönch Padmasambhava durchsetzen. In spannungsreicher Beziehung zur einheimischen tibetischen Bön-Religion mit ihren magischen Elementen bildete der als Lamaismus bezeichnete tibetische Buddhismus in Übersetzungen und Bearbeitungen einen umfangreichen eigenen Kanon an Lehren, Schriften und Praktiken aus, der zum tantrischen Buddhismus zählt. Der tantrische oder Vajrayana-Buddhismus (Diamantenes Fahrzeug) kennt magische Praktiken, das Rezitieren von Gebetsformeln (Mantras) und die Visualisierung von Meditationszielen in Form von Mandalas: geometrisch ideale Gebilde (Bilder des sogenannten Reinen Landes), oft aus farbigem Sand. Ab dem 11. Jahrhundert bildeten sich eigene, zumeist tantrische Schulen bzw. Orden in Tibet aus – so die Kadampa-, die Kagyü- , die Nyingma-, die Sakya und die Gelug-Schule. Auf Veranlassung Padmasambhavas gründete der den Buddhismus fördernde König Trisong Detsen (reg. 755–797) das der buddhistischen Schutzgottheit Pekar geweihte Kloster Samye (das Über-alle-gedanklichen-Vorstellungen-Hinausgehende); dieses älteste Kloster Tibets wurde zum Ausgangspunkt der Mönchsbewegungen in Tibet und frühen Zentrum der Gelehrsamkeit.

Oben: Das Rad der Lehre (Dharmachakra): Das Symbol des Buddhismus findet sich häufig über dem Eingangsbereich tibetischer Klöster – hier im ***Gelug-Kloster Sêra in Lhasa*** *(s. S. 181). Die acht Speichen stehen für den „achtfachen Pfad" und die „vier edlen Wahrheiten" des Buddhismus.*

Unten: Klostertempel und ein großer Stupa auf dem Gelände des ***Klosters Samye*** *(gegründet um 770); hier entstanden die meisten der frühen buddhistischen Schriften Tibets.*

Der zentrale Klostertempel repräsentiert auf drei Stockwerken die architektonischen Stile Indiens, Chinas und Tibets; er besitzt an seinen vier Ecken große Stupas (Bewahrungsorte für buddhistische Reliquien) und ist von einer kreisrunden Mauer umgeben, in die 108 weitere kleine Stupas eingelassen wurden. Nach allen vier Seiten hin ist der Zentraltempel von weiteren Tempeln umgeben. Das Kloster durchlebte wechselvolle Zeiten und wurde unter dem buddhismusfeindlichen König Longdarma (reg. 836–842) erstmals aufgehoben, seine Mönche zwangsweise laisiert (in den Laienstand zurückgeführt); zuletzt wurde es während der chinesischen Kulturrevolution (1966–1976) geplündert, später aber von Tibetern wieder restauriert. Heute wird das Kloster von der Nyingma- und der Sakya-Schule gemeinsam verwaltet.

Das als eigenständiges Dorf angelegte ***Kloster Gandain bei Dêqên*** *(östlich von Lhasa), Sitz des Oberhauptes der Gelug-Schule; im Vordergrund die für Tibet charakteristischen Gebetsfahnen an Schnüren.*

Rechts: Ein Wandgemälde im ***Kloster Drepung*** *zeigt eine buddhistische Gottheit; Schutzgottheiten spielen im tibetischen Buddhismus eine zentrale Rolle.*

Zum mächtigsten Orden Tibets entwickelte sich die von dem Reformer Tsongkhapa (1357–1419) gegründete Gelug-Schule, nach ihrer Ordenstracht auch „Gelbmützen-Orden“ genannt. Von den drei bedeutendsten Gründungsklöstern wurde Gandain 1409 von Tsongkhapa selbst, Drepung 1416 und Sêra 1419 von seinen Schülern gegründet.

In Gandain (tibet. *ganden*: Kontinent vollkommen siegreichen Glücks) entstanden 1409 nicht nur der Haupttempel, sondern zugleich über 70 Gebäude; als bedeutende Lehrstätte für Sutras (Hauptschriften) und Tantras (tantrische Schriften) besaß das Kloster zwei Fakultäten (Chacang) mit 13 bzw. 11 Abteilungen (Kangcain). Die dreistöckige Große Versammlungshalle Lhagyi misst über 2000 Quadratmeter; die Gemächer Tsongkhapas – der hier verstarb und dessen Schädelreliquie das Kloster bewahrt – wurden zur Gedenkhalle Sidongkang umgestaltet. Der für sieben Jahre amtierende Abt von Gandain (Ganden Tripa) ist das Oberhaupt der Gelug-Schule. Das Kloster, in dem 1959 rund 7500 Mönche lebten und studierten, wurde während der Kulturrevolution (1966–1976) vollständig zerstört, 1980 jedoch wieder errichtet.

Drepung war bis 1642 die Residenz des Dalai Lama (s. S. 183), dessen Regierungspalast (Ganden Phodrang) noch erhalten ist. Als politisches Zentrum war es in zahlreiche gewalttätige Auseinandersetzungen involviert. Seine Hauptgebäude sind die zentrale Versammlungshalle sowie die vier Hallen für jede der vier Klosterfakultäten, die jeweils bestimmte Aspekte buddhistischer Schrift- und Lehrtraditionen vermitteln. Im größten Kloster Tibets lebten 1959 über 10 000 Mönche, und es verfügte über 186 Landgüter, 20 000 Leibeigene und 16 000 Hirten; 1985 lebten hier nur noch 20 Mönche, 20 Jahre später jedoch bereits wieder 640.

Auch im Kloster Sêra (Wildrose) lebten 1959 etwa 10 000 Mönche auf 115 Quadratkilometern Klosterfläche und studierten an drei Fakultäten – mit insgesamt 33 Gebäuden für die Abteilungen und 30 Wohnhäusern für Mönche. Die 1710 auf 125 Säulen errichtete vierstöckige Große Versammlungshalle (Cogqên) – das Verwaltungszentrum – misst über 2000 Quadratmeter und birgt zahlreiche Statuen und Kostbarkeiten; drei Fakultätshallen wurden zwischen 1419 und 1559 errichtet. Das Kloster Sêra blieb während der Kulturrevolution weitgehend verschont.

*Oben: Ein Gebäude des **Klosters Sêra bei Lhasa**, eines der drei großen Gründungsklöster der Gelug-Schule.*

*Auch das größte tibetische **Kloster Drepung** (westlich von Lhasa) ist eine dorfartige Anlage, in der heute wieder Hunderte von Mönchen leben.*

Der gewaltige Palastkomplex des ***Potala-Klosters bei Lhasa,*** *lange Regierungssitz des Dalai Lama.*

Eines der bedeutendsten Gelug-Klöster ist das 1447 von Gendun Drub (1391–1475) gegründete und 1463 eingeweihte Kloster Zhaxilhünbo (auch Tashilhunpo) bei Xigazê. Gendun Drub, ein Schüler Tsongkhapas, wurde posthum als 1. Dalai Lama anerkannt. 1601 wurde Losang Qoigyi Gyaincain (1570–1662), der Lehrmeister des 5. Dalai Lama, hier Abt und erhielt den Titel „Panchen Lama". Die zentrale Maitreya-Halle auf dem 18,5 Hektar großen Klosterareal birgt eine über 26 Meter hohe Sitzstatue des Buddha Maitreya (Buddha der Zukunft) aus Gold und Bronze sowie die Grabstupas des verstorbenen 5.– 9. Panchen Lamas.

Die größte Anlage der Gelug-Schule ist der gewaltige Klosterpalast Potala auf einem Berg über der Hauptstadt Lhasa; er war über Jahrhunderte der Regierungssitz des Dalai Lama – von 1642 bis zur Flucht des derzeitigen Oberhauptes der tibetischen Buddhisten 1959 ins indische Exil. Die 999 Räume des Komplexes, der bis 1922 mehrfach erweitert wurde, erstrecken sich auf 13 Stockwerken über 350 Meter in ost-westlicher und über 300 Meter in nord-südlicher Richtung. Unter den prachtvollen Grabstupas der Dalai Lamas ragt der 17,4 Meter hohe des 5. Dalai Lama mit drei Stockwerken heraus.

Der 14. Dalai Lama Tenzin Gyatso (geb. 1935) wurde 1940 inthronisiert und lebt seit 1959 im Exil im nordindischen Dharamsala. Sein internationales Engagement für kulturelle Verständigung trug ihm 1989 den Friedensnobelpreis ein.

Oben: Einer der zahlreichen weißen Stupas des ***Klosters Zhaxilhünbo bei Xigazê****, der zweitgrößten Stadt im Autonomen Gebiet Tibet; das Kloster und die Grabstupas des 5.–9. Panchen Lamas wurden während der Kulturrevolution zerstört, jedoch ab 1982 wieder aufgebaut.*

Dalai Lama und Panchen Lama

Als höchste geistliche Autoritäten Tibets gelten der Dalai Lama (Ozeangleicher Lehrer) und der Panchen Lama (Großes Gelehrtenjuwel) – streng genommen sind sie dies jedoch nur für den Gelug-Orden. Wie alle bedeutenden Äbte und Schuloberhäupter Tibets, gelten sie als lebendige Buddhas und werden jeweils als Wiedergeburt von einer Mönchskommission gefunden; seit 1578 ist jedoch der Dalai Lama eine der höchsten Autoritäten des tantrischen Buddhismus überhaupt. 1642 wurde der 5. Dalai Lama, Ngawang Lobsang Gyatso (1617–1682), mit mongolischer Hilfe auch weltlicher Herrscher über Tibet und seine Nachfolger blieben dies bis 1959.

Dalai und Panchen Lama unterstützten sich zunächst gegenseitig, doch gab es im 20. Jahrhundert mehrfach Konflikte zwischen beiden. Während der 14. Dalai Lama Tenzin Gyatso 1959 ins Exil nach Indien floh, blieb der 10. Panchen Lama (1938–1989) in Tibet und arrangierte sich mit den Chinesen. Der 1995 vom Dalai Lama erkannte 11. Panchen Lama ist seither verschwunden; der von Chinesen und Teilen der tibetischen Mönche an seiner Statt eingesetzte Panchen Lama wird vom Dalai Lama nicht anerkannt.

Wats in Südostasien

Die buddhistischen Wats – wie sie vor allem in Thailand und Kambodscha zu finden sind – fungieren vielfach als Kloster- und Tempelanlagen für Mönche, darüber hinaus auch als Versammlungszentren für Mönche und Laien; zudem gibt es Wat-Tempel ohne Klosteranlagen.

Das als „Tempel des liegenden Buddha" bekannte Wat Pho südlich des Königspalastes in Bangkok (Thailand) wurde im 17. Jahrhundert errichtet und durch König Rama I. von Siam (reg. 1782–1809) zu einer gewaltigen Anlage erweitert. Der zentrale Tempelraum (Ubosot) birgt seine sterblichen Überreste im Sockel einer Buddhastatue und ist von der „Juwelenmauer" mit 152 quadratischen Szenenreliefs an der Außenseite umgeben. Die vergoldete Statue des liegen Buddha ist 53 Meter lang; zum Wat gehören auch vier jeweils 42 Meter hohe Chedis (Reliquien-Pagoden, Stupas), die von Kachelmosaiken bedeckt sind, sowie eine Universität.

Das größte der insgesamt 29 Wats auf der thailändischen Insel Phuket, Wat Chalong, ist ein Pilgerzentrum mit einem prächtigen Chedi und einem Ubosot, in dem zwei heilkundige Mönche aus dem 19. Jahrhundert verehrt werden.

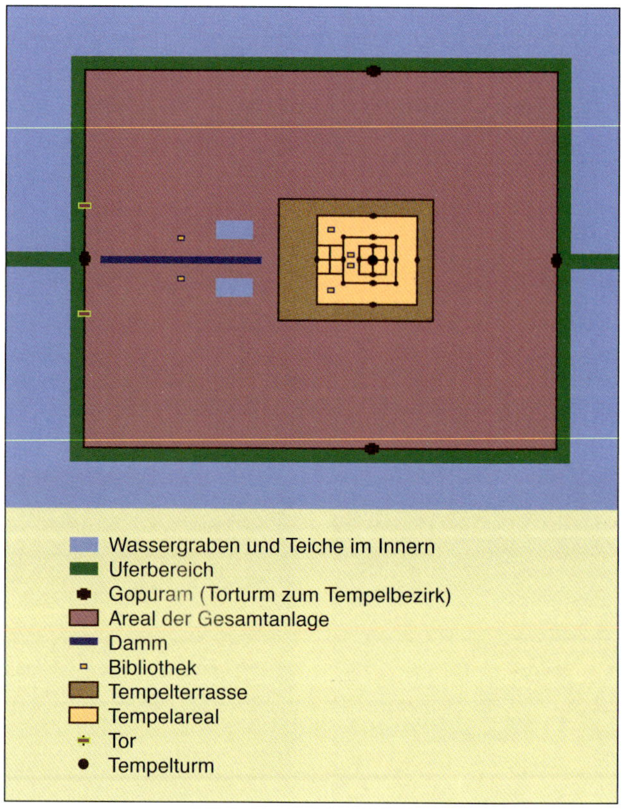

Rechts: Die Anlage von Angkor Wat zeigt in streng geometrischer Form einen idealen Hindu-Kosmos. Der Tempel mit seinen Türmen in Lotosblütenform, von denen der mittlere die anderen überragt, symbolisiert den Weltenberg Meru als Zentrum der Erde, die im Urozean – symbolisiert durch den Wassergraben – ruht (Modellzeichnung).

Unten: Blick über den Wassergraben auf die Bauten von ***Angkor Wat in Kambodscha,*** *der größten Tempelanlage der Welt; die Anlage wird nicht nur von Touristen, sondern täglich auch von buddhistischen Mönchen besucht.*

Als größte Tempelanlage der Welt gilt Angkor Wat in Kambodscha: das Stein gewordene Zeugnis der Macht und Frömmigkeit des im 9.–15. Jahrhundert in Südostasien führenden Reiches der Khmer. Das sich über 1,5 Kilometer in west-östlicher und 1,3 Kilometer in nord-südlicher Richtung erstreckende Areal ist von einem rechteckigen, bis 190 Meter breiten Wassergraben umgeben. Erbaut wurde Angkor Wat durch König Suryavarman II. (reg. 1113–1150), der ein Anhänger des Hindugottes Vishnu war und sich in Reliefs selbst als Verkörperung Vishnus darstellen ließ. Die Anlage wurde von Nachfolgern Suryavarmans II. stetig erweitert und bildet den idealen (Hindu-)Kosmos ab – mit dem Weltenberg Meru im Zentrum, symbolisiert durch den zentralen Tempel mit fünf Tempeltürmen in Form von Lotosblüten (Prasats), deren höchster 65 Meter hoch ist. Ihn umgibt an der Außenseite ein 800 Meter langes Flachrelief mit Szenen; weitere Reliefs im Sandstein der Gebäude zeigen individuell gestaltete anmutige Tänzerinnen, die Apsaras. Erst später wurde Angkor Wat in eine buddhistische Anlage umgewidmet; früheste buddhistische Wand- und Mauerinschriften finden sich aus der Zeit ab 1546. Seither gilt die Tempelanlage als bedeutende buddhistische Wallfahrtsstätte.

Oben: Vergoldete Buddha-Statuen am Tempel von ***Wat Pho in Bangkok****, einer bedeutenden Anlage in Thailands Hauptstadt.*

Links: Im ***Wat Chalong auf der Insel Phuket*** *(Thailand) werden die heilkundigen Mönche Luang Pho Chuang und Luang Pho Chaem verehrt, die den thailändischen Zinnarbeitern bei ihrem Aufstand 1876 auch medizinische Hilfe leisteten.*

Klöster in Japan

In Japan bildete der Buddhismus völlig eigenständige Schulen aus. Einer der führenden Lehrer der Frühzeit, der Mönch Kukai (774–835) mit dem Ehrentitel Kobo Daishi (Meister der Verbreitung des Gesetzes) verfasste grundlegende Schriften, war politischer Berater des Kaiserhauses und begründete den tantrisch-esoterischen Shingon-Buddhismus mit geistiger Nähe zur altjapanischen Shinto-Religion.

816 gründete er auf einem Berg der Halbinsel Kii das 819 geweihte Klosterzentrum Koya-san; der zentrale Klostertempel Kongobu-ji ist bis heute Haupttempel und Verwaltungssitz der Shingon-Schule und barg lange Kultbilder, die noch von Kukai stammten, jedoch 1926 bei einem Brand zerstört wurden. Zur Klosteranlage gehören auch das Mausoleum Kukais (Okunoin), das vom größten Friedhof Japans umgeben ist, sowie die zentrale Pagode Konpon Daito, die nach der Shingon-Lehre Mittelpunkt eines spirituellen Mandalas ist, das sich über ganz Japan erstreckt.

Ebenfalls eine besondere Weiterentwicklung erfuhr der aus China kommende Chan-Buddhismus in den japanischen Zen-Lehren; im Zen stehen Selbstbeobachtung, Selbstdisziplin und meditative Atemtechniken im Zentrum der verschiedenen Formen religiöser Praxis – etwa in der Sitzmeditation *(zazen)* und verschiedenen weiteren Meditationsformen wie dem Bogenschießen, der Tee-Zeremonie und dem Anlegen von Gärten. Die berühmtesten Zen-Meister Japans sind die Mönche Eisai (1141–1215), der Begründer der Rinzai-Lehre (Rinzai-shu), und Dogen (1200–1253), der Begründer der Soto-Lehre (Soto-shu).

Der 1315–1325 errichtete Kloster- und Tempelkomplex Daitoku-ji in Kyoto mit einem Haupt- und 22 Nebentempeln, mehreren Torbauten und Zen-Gärten ist bis heute einer der Haupttempel des Rinzai-shu; ihm standen bedeutende Zen-Meister vor. Obwohl im Onin-Krieg (1467–1477) niedergebrannt, entwickelte sich der Komplex nach seinem Wiederaufbau insbesondere in der Zeit der Drei Großen Reichseiniger (1573–1603) zu einem Kultur- und Geisteszentrum Japans; der erste der drei großen Reichseiniger, Oda Nobunaga (1534–1582), liegt auf dem Gelände begraben. Im 20. Jahrhundert nahm der Daitoku-ji erstmals westliche Anhänger des Zen auf.

*Links: Der 1535 gegründete **Zuibo-in-Komplex in Kyoto** ist ein Untertempel des Daitoku-ji und für seine Zen-Gärten aus Kies, Steinen und Moos berühmt. Mit einem Rechen Linien durch den Kies zu ziehen, gehört zu den regelmäßigen Meditationsübungen der Zen-Mönche.*

Links: Gebetszettel in einem Kloster in Tokio, auf denen buddhistische Gläubige ihre Anliegen formulieren.

*Linke Seite: Das japanische **Bergkloster Koya-san auf der Halbinsel Kii**, Hauptsitz der zum tantrischen Buddhismus zählenden Shingon-Schule.*

*Links: Ein minimalistisch gestalteter Meditationsraum im **Rinzai-shu-Kloster Daitoku-ji in Kyoto**; gemäß der Rinzai-Schule wird die Sitzmeditation mit dem Rücken, nach der Soto-Schule mit dem Gesicht zur Wand praktiziert.*

Klöster im Jainismus

Der von Mahavira (599–527 v. Chr.) begründete Jainismus ist wie der Buddhismus ursprünglich eine Reformbewegung des Hinduismus; mit beiden teilt er die Suche nach Erlösung aus dem Kreislauf von Leben, Tod und Wiedergeburt. Mönchisches Leben für beide Geschlechter und Klöster spielen im Jainismus eine ebenso große Rolle wie im Buddhismus. Die Mönche (Muni) und Nonnen (Sadhvi) teilen sich in die streng asketischen Digambaras (Luftgekleidete), die nackt oder nur mit einem Lendenschurz bekleidet in Klöstern eine strikte Gewaltlosigkeit gegen alle Lebewesen (Ahimsa) leben, und die weniger strengen Shwetambaras (Weißgekleidete), die Besitz anerkennen und erfolgreiche Geschäftsleute sind.

Der Kloster- und Tempelkomplex Pawapuri (knapp 100 Kilometer von Patna, der Hauptstadt des indischen Bundesstaates Bihar entfernt) ist die heilige Stätte der Jainas. Hier ging Mahavira im Gaonmandir-Tempel ins Nirvana (Moksha) ein und wurde sein Leichnam verbrannt; seine Überreste sind in einem großen Stupa bewahrt. Der zentrale Tempel Jalmandir aus Marmor liegt – über eine Steinbrücke zugänglich – inmitten eines mit Lotosblüten bedeckten Sees. Zum Komplex gehören fünf Hauptttem-

Blick über den Teich mit Lotosblüten auf den zentralen Jalmandir-Tempel im ***Kloster- und Tempelkomplex von Pawapuri*** *(Bihar).*

pel, darunter der Tempel Samosharan, in dem Mahavira am Lebensende seine Anhänger unterrichtete.

Der wohl bedeutendste Bau des Jainismus ist der im 14. und 15. Jahrhundert errichtete Komplex in Ranakpur in den Aravalli-Bergen (Rajastan). Berge sind im Jainismus heilige Stätten der 24 Tirthankaras (Weltenlehrer), als deren letzter Mahavira gilt. Der zentrale Tempel in Ranakpur ist dem ersten Tirthankara Adinatha gewidmet, der am Beginn der Menschheit steht – ein „viergesichtiger" (Chaumukha-)Tempel, da das zentrale Standbild Adinathas des von einem Säulengang umgebenen Hauptraums in alle vier Himmelsrichtungen blickt. Der Tempel ist über dreistöckige Portale mit Steintreppen zugänglich; die Tempelhallen sind von Kuppeln und hohen Dachtürmen überwölbt. Im Hof befinden sich kleinere, von Säulen getragene Tempel – insgesamt besitzt dieser Gebäudekomplex 1444 davon. Seine Wandflächen sind über und über mit Reliefs und Figurenschmuck bedeckt.

Ebenfalls reichen Figurenschmuck weisen die kleineren Tempel für den 23. Tirthankara Parshvanatha und den 22. Tirthankara Neminatha auf.

*Oben: Außenansicht des zentralen Adinath-Tempels in der **Tempelanlage von Ranakpur** (Rajastan) mit seinen zahlreichen Dachtürmen.*

*Unten links: Ein steinerner Elefant zwischen kunstvoll gestalteten Marmorsäulen im Innern des **Adinath-Tempels von Ranakpur.***

*Unten rechts: Steinrelief mit Tänzerinnen an einem der **Tempel von Ranakpur**; jainistische Bauwerke sind für ihren überreichen Relief- und Figurenschmuck berühmt.*

Klöster im Daoismus

Auch der Daoismus, eine der großen Lehren Chinas, kennt Mönchtum und Klöster, deren Aufbau und Ideale den buddhistischen recht ähnlich sind; durch die starke Naturverbundenheit der Lehre sind daoistische Klöster jedoch häufiger an nur schwer zugänglichen Orten – etwa auf hohen Bergen – angesiedelt. Die sich ab dem 12. Jahrhundert formierende daoistische Schule des Neidan (Quanzhen) errichtete Klöster für zölibatär und enthaltsam lebende Mönche und Nonnen, die sich ausgiebigen Meditationen und Atemtechniken (der sogenannten inneren Alchemie) sowie zahlreichen Gesundheitsübungen widmen.

Als heiligstes Gebirge unter dem Himmel gelten dem Daoismus die Wudang-Berge (Wudang Shan) in der Provinz Hubei – mit ihren 72 Gipfeln, auf denen sich seit dem 3. Jahrhundert Einsiedeleien der Dao-Schulen befanden; im 15. Jahrhundert bildete sich hier ein eigener Wudang-Daoismus aus: Kaiser Yongle (reg. 1402–1424) protegierte den Bau von rund 130 Klöstern, Tempeln, Brücken und Toren auf den Wudang-Bergen, unter denen der 1413 auf vier Ebenen am Berghang errichtete Purpurwolken-Palast (Zixiaogong) hervorragt; seine Haupthalle (Zixiaodian) birgt die Statue „Der vollkommene Krieger".

Ein angelegter Pfad führt zum mit über 1600 Metern höchsten Gipfel Tianzhu (Himmelspfeiler), auf dessen

Oben: Eine Tempelhalle auf dem Gelände des ***Tempels der weißen Wolken in Peking****; in dem Opfergefäß im Vordergrund wird Weihrauch verbrannt. Der Komplex wurde während der chinesischen Kulturrevolution (1966–1976) stark beschädigt, jedoch bis 2000 restauriert.*

Spitze die Jindian (Goldene Halle) steht – darin befinden sich Figuren, Opfertische und die Statue „Der große vollkommene Kriegerfürst", Zhen Wu.

Das 60 Quadratkilometer große Areal des Baiyun Guan (Tempels der weißen Wolken) in Peking ist Hauptsitz der Neidan-Schule und der chinesischen daoistischen Gesellschaft. Die ersten Tempelgebäude wurden unter Kaiser Kaiyuan (reg. 713–741) errichtet, das Kloster 1227 gegründet; die meisten Bauten stammen aus dem 16. Jahrhundert. Das Areal besitzt fünf Haupt- und mehrere kleinere Hallen mit Statuen und Götterbildern sowie Höfe und Tore. Die zweite Haupthalle ist dem Jadekaiser – der höchsten daoistischen Gottheit – geweiht, die vierte dem großen Dao-Meister Qiu Chuji (1148–1227), der hier lebte und begraben wurde. Das Kloster besitzt eine Steintafel mit dem Text des „Daodejing" (etwa: Der Weg und die Kraft): das Werk des legendären Daoismus-Begründers Laozi (6. Jh. v. Chr.).

*Linke Seite: Blick von einem Bergesgipfel auf verschneite Klostergebäude des **Klosterkomplexes Wudang Shan** in der chinesischen Provinz Hubei.*

*Rechts: Tempelfront und Aufgang mit einem Weihrauchgefäß eines der zahlreichen **Tempel in Wudang Shan**.*

*Unten: Ein Klostergebäude des **Kloster- und Tempelkomplexes Wudang Shan**.*

Klöster im Islam

Rechte Seite: Blick über den Innenhof auf den Rundturm und den Treppenaufgang zum oberen Geschoss des ***Ribat von Sousse*** *in Tunesien.*

Unten links: Die gewaltigen Wehrmauern und der Eingangsbereich des „Große Festung" (Al-qasr Al-kabir) genannten ***Ribats von Monastir*** *in Tunesien, errichtet auf den Resten eines byzantinischen Klosters.*

Unten rechts: Die verschachtelten inneren Anlagen des ***Großen Ribats von Monastir;*** *das Ribat wurde zum Pilgerzentrum, da nach einem auf den Propheten Mohammed zurückgeführten Ausspruch drei Tage Wächterdienst in Monastir den Weg zum Paradies ebnen.*

Klöster und Orden spielen im Islam eine weniger prägende Rolle als im Christentum oder etwa im Buddhismus, denn der Rückzug von der gemeinsamen religiösen Praxis aller Gläubigen gilt nur in Ausnahmefällen als Ideal. In der Frühzeit allerdings war der zeitweise Dienst als „Grenzwächter" (arab. *murabit*) in einem Ribat (Festung) religiös verdienstvoll. Im Ribat – einem kastellartigen Wehrkloster in exponierter Lage an den Grenzen des muslimischen Machtbereichs (*Dar al-Islam:* Haus des Islam bzw. des Friedens) zum nichtmuslimischen (*Dar al-Harb:* Haus des Krieges) – verteidigten asketisch lebende Männer in Gebet und Waffendienst den Islam; vor allem die Berberdynastie der Almorawiden nutzte ab 1042 ihre Ribats jedoch auch als Basislager für eine systematische Islamisierung Westafrikas.

Ribats bildeten einen Verteidigungsgürtel gegen die Christen – von Spanien bis an die Küsten Oberafrikas, besonders in Tunesien: In Sousse wurde um 800 ein quadratisches Ribat von jeweils 40 Metern Seitenlänge angelegt und 821 mit einem 27 Meter hohen Rundturm vollendet. Um den Innenhof mit Brunnen liegen im unteren Geschoss Magazinräume, Stallungen und eine Ölpresse, im oberen Geschoss die Mönchszellen und an einer Seite die Moschee mit elfschiffigem Gebetssaal, Mihrab (Gebetsnische) und Tonnengewölbe. Einziger Eingang zum Ribat ist ein von antiken Säulen flankiertes Doppeltor an der Südseite zur Stadt hin.

Eine wesentlich größere Anlage stellt das 796 zur Abwehr der byzantinischen Flotte errichtete Ribat von Monastir dar (der Name der tunesischen Stadt soll sich von griech. *monasterion:* Kloster herleiten). Die ursprünglich quadratische Anlage – mit Mönchszellen im Untergeschoss und einer kleinen Moschee im Südostflügel des Obergeschosses – wurde im 9. Jahrhundert im Süden und Westen um ein Frauen-Ribat und im 11. Jahrhundert im Norden und Osten um weitere Bauten erweitert, sodass die Trakte des Ensembles ineinander verschachtelt sind. Der ebenfalls hohe, konische Rundturm stand mit dem Ribat in Sousse über Leuchtfeuer in Verbindung. Unmittelbar neben dem Ribat liegen die kleine, im 9. Jahrhundert errichtete Große Moschee sowie die Fundamente eines weiteren Ribats (Sidi Douib).

Oben: Die Bauten der ***Mevlevi-Tekke in Konya*** *(Türkei); herausragend die mit türkisfarbenen Kacheln verkleidete Grabtürbe über dem Sarkophag des Dschalal ad-Din Rumi.*

Der prächtig gestaltete, mit einem Turban gekrönte Sarkophag des Ordensgründers, zentraler Andachtsort der ***Mevlevi-Tekke****.*

Die Klöster der Sufi-Orden

Mit Klöstern und Orden anderer Religionen vergleichbar sind die Tekke (Rückzugsort, Schutz): Bauten der Sufi-Orden, die aus den im Islam zahlreichen Bruderschaften (arab. *tariqa:* gemeinsamer Weg zu Gott), religiösen Interessensverbänden, hervorgingen. Sufis sind die nach ihrem Wollgewand (arab. *suf)* genannten Mystiker des Islam.

Die Hauptzeremonie aller Sufi-Orden ist das Gedenken an Allah *(dhikr)* – das Anrufen der 99 Namen Allahs in rhythmisch-formelhaften Sprechgesängen, häufig begleitet von Tänzen oder rhythmischen Bewegungen, die sich bis zu ekstatischer Trance steigern können. Sufis gehen vom Innewohnen Allahs in den Herzen der Menschen aus; durch die Dhikr-Zeremonien vervollkommnet sich der Mensch bis zum Gefühl eines inneren Einswerdens mit Gott; dieses Ziel war der islamischen Orthodoxie stets suspekt.

Jede Tekke – die erste wurde 767 in Damaskus gegründet – besitzt einen Hauptraum für Dhikr-Zeremonien und rituelle Gebete, die größeren zusätzliche Räume für die Sufis und einen Wohntrakt für den Ordensmeister *(sheikh)*; einige beherbergen auch soziale Einrichtungen wie Kranken- oder Waisenhäuser.

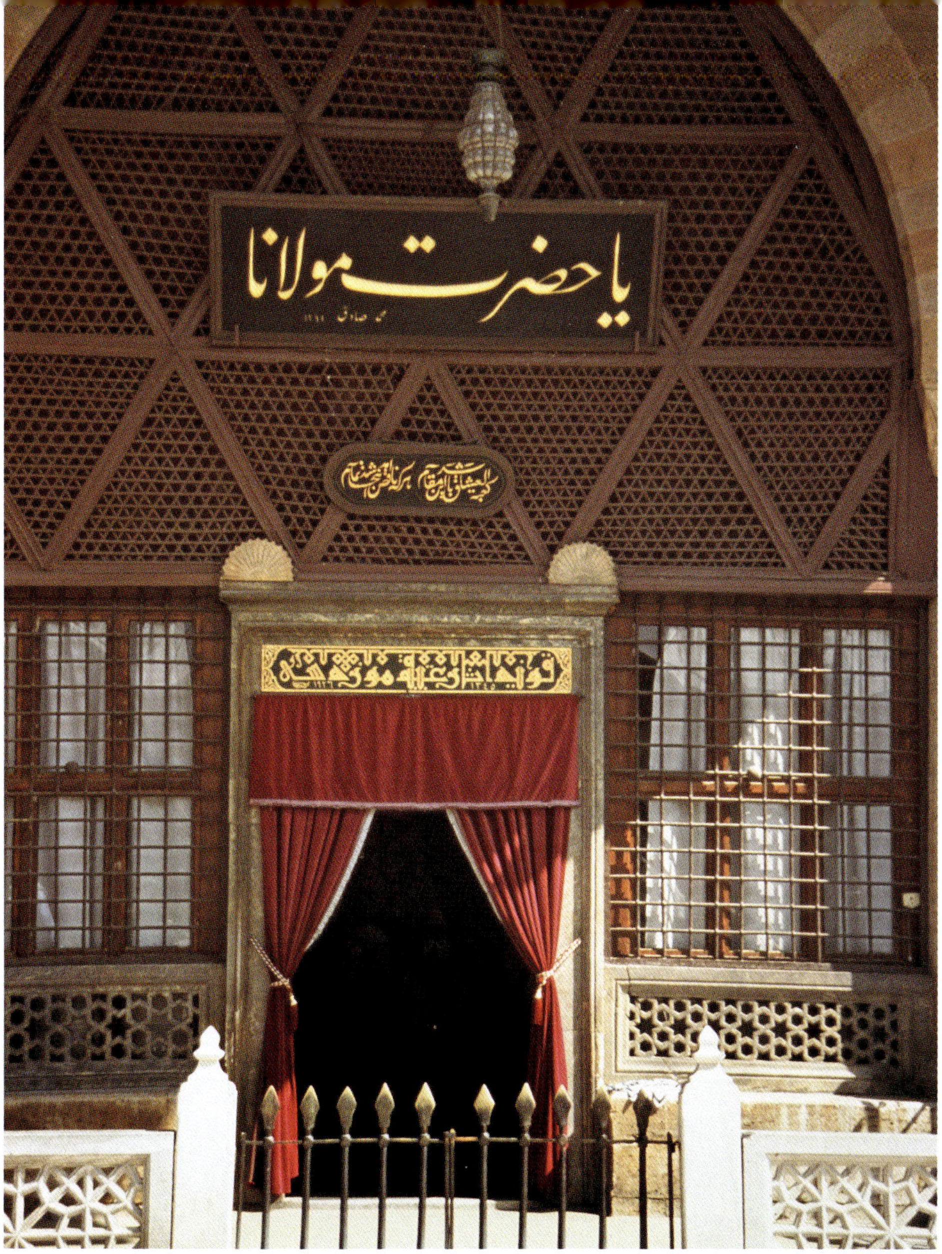

Einen der berühmtesten Sufi-Orden gründete der „Mevlana" (unser Meister) genannte bedeutende Mystiker und Poet Dschalal ad-Din ar-Rumi (1207–1273) im türkischen Konya: den im Westen unter dem Namen „Tanzende Derwische" bekannten Mevlevi-Orden. Seine Anhänger praktizieren in kleiderartigen langen Gewändern Dhikr durch ständiges Drehen um die eigene Achse zu rhythmischer Musik mit Flöte und Trommel.

Nach dem Tod des Meisters errichteten Schüler ab 1284 die heute als Museum gestaltete Mevlevi-Tekke als weitläufige Anlage mit verschiedenen Gebäudetrakten und einem Innenhof mit Brunnen um seinen prachtvoll gestalteten Sarkophag, der unter einer aufragenden türkisfarbenen, gerippten Türbe (Mausoleumsturm) ruht. Auch ihm nachfolgende Ordenssheikhs sind hier in mit Turbanen geschmückten Sarkophagen bestattet. Das Kloster wurde 1927 von Kemal Atatürk aufgehoben, ist aber bis heute ein Wallfahrtsort; es besitzt zahlreiche Handschriften und Kostbarkeiten wie Gebetsteppiche, Koranpulte und historische Musikinstrumente.

Links: Der Eingangsbereich zum Mausoleum des Ordensgründers Dschalal ad-Din ar-Rumi in der ***Mevlevi-Tekke von Konya****.*

Derwische

Die Angehörigen der Sufi-Orden werden allgemein als Derwische bezeichnet; das persische Wort *darwish* für einen asketisch lebenden Sufi bedeutet auch Bettler – Ausdruck der Verachtung allen weltlichen Besitzes und der „Armut vor Gott". Einige Derwischorden praktizieren Askeseübungen und kennen Armutsgelübde als Zeichen des *dhikr*, der innerlichen Hinwendung zu Allah. Viele Derwische werden wegen ihrer Weisheit, ihrer unkonventionellen Lebensweise, originellen Anschauungen und poetischen Begabung, oftmals auch als Mittler zwischen der diesseitigen und spirituellen Welt von den Gläubigen verehrt.

Links: Tanzende Derwische in der Haupthalle der Mevlevi-Tekke von Konya; das weiße Grabgewand und die hohe, einen Grabstein symbolisierende Mütze verdeutlichen die Abkehr von der Welt.

*Das berühmte **Moscheen-Ensemble von Kairo** zeigt von links nach rechts: Die Al-Rifai-Moschee des Ordensgründers, die Sultan Hassan-Moschee aus der Mamlukenzeit und die große Alabaster- oder Mohammed-Ali-Moschee aus dem 19. Jahrhundert.*

Die Mausoleen der Sufi-Meister

Die Sufi-Orden wurden vor allem im Osmanischen Reich und seinem Machtbereich bedeutend; durch Spenden ihrer Mitglieder und Stifter erlangten sie oftmals großen Grundbesitz und errichteten prachtvolle Tekken und Ordensschulen. Besonders einflussreich waren der im 13. Jahrhundert gegründete Bektaschi-Orden mit Schwerpunkt in Anatolien und auf dem Balkan sowie der im 14. Jahrhundert gegründete Naqschbandi-Orden mit Zentren in der Türkei, Persien und Zentralasien.

Das am Ort seines Wirkens und Sterbens errichtete Grabmausoleum (Dargah) eines Ordensgründers, bedeutenden Sufi-Sheikhs oder Sufi-Poeten ist meist prachtvoll gestaltet und oft Zentrum eines Gebäudekomplexes mit Moschee, Tekke oder Koranschule (Medrese); Ordensanhängern gilt es als heilige Stätte, ist aber auch ein beliebter Wallfahrtsort für andere Gläubige, die viele Sheikhs als wundertätige Heilige verehren.

Der Sufi-Mystiker Ahmed Rifai (1118–1181) gründete den Rifai-Orden, dessen Anhänger wegen ihrer ekstatischen Dhikr-Praktiken auch als „heulende Derwische“ bezeichnet wurden. Am Ort seines Grabmals (Zawiya) in Kairo entstand 1869–1912 die prachtvolle Al-Rifai-Moschee (mit 98 x 72 Metern Grundfläche); die Vollendung des Baus wurde ab 1905 von dem österreichischen Architekten Max Herz geleitet und das Innere nach dem Vorbild der benachbarten Sultan-Hassan-Moschee aus dem 14. Jahrhundert ausgestaltet – mit 19 verschiedenen Sorten Marmor und prunkvollen Holzdecken.

Neben dem Grab Rifais beim Südeingang der Moschee bergen die Grabgewölbe die Sarkophage fast aller Mitglieder der Familie Mohammed Alis, die als Khediven (Vizekönige) und Könige in der Periode 1805–1952 Ägypten regierten.

Vor allem auf dem indischen Subkontinent ist der bereits im 10. Jahrhundert gegründete Chishti-Orden verbreitet, dessen bedeutendster Vertreter der Ordens-Sheikh Khwaja Muid ud-Din Chishti (1141–1230) war. In den Khanqahs genannten Tekken des Ordens wurde eine absolute Gleichbehandlung aller Mitglieder, auch der Schüler, praktiziert; der Orden lebt allein von Spenden aus dem Volk. Das aufwendig gestaltete Mausoleum von Muid ud-Din Chishti in der indischen Stadt Ajmer (Rajasthan) ist bis heute ein bedeutendes Pilgerzentrum.

Oben: Das ***Mausoleum*** *(Dargah) des Sufi-Mystikers und Ordens-Sheikhs Muid ud-Din Chishti* ***in Ajmer*** *(Indien/Rajastan), eine bedeutende muslimische Wallfahrtsstätte.*

Rechts: Das als Himmelsgewölbe gestaltete Innere der Kuppel über dem Grabmal (Hafesiejeh) des hochverehrten Sufi-Poeten Hafez (um 1320–1390) in den Musalla-Gärten seiner Heimatstadt Schiraz (Iran).

Klostergrundrisse

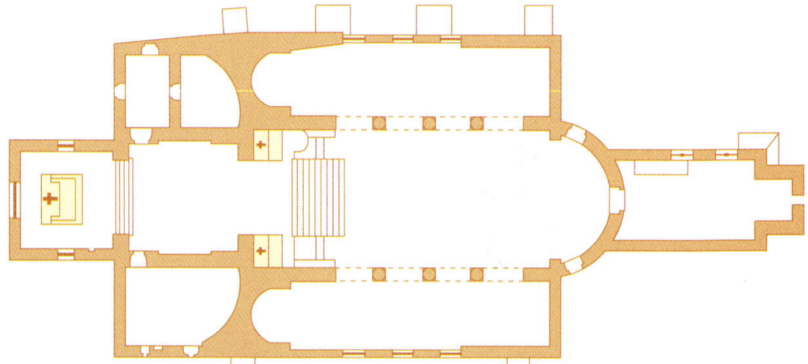

Grundriss der Klosterbasilika St. Georg in Reichenau-Oberzell, einer Benediktinerabtei → S. 26

Aufbau des Klosters Monte Cassino, die Gründungsabtei des Benediktinerordens → S. 14

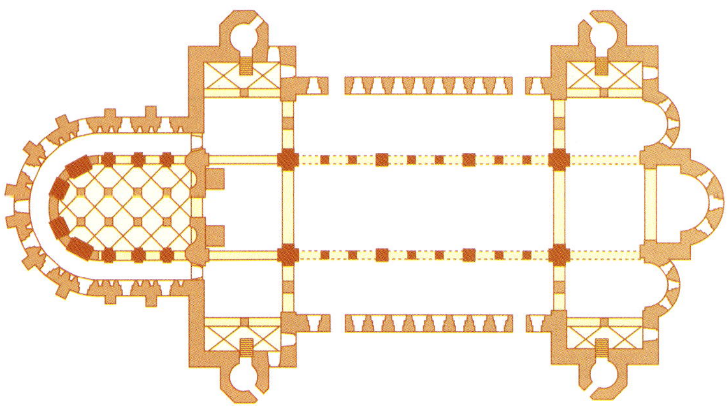

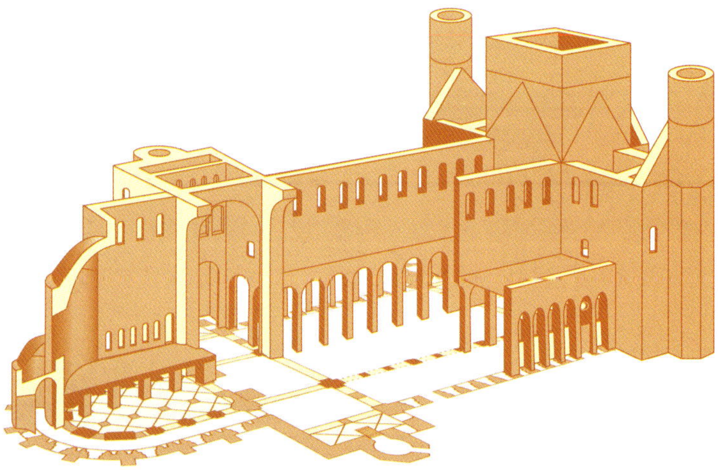

Grundriss und Längsschnitt der Benediktiner-Klosterkirche St. Michael in Hildesheim (beides zeigt den Baubestand im Jahre 1033) → S. 31

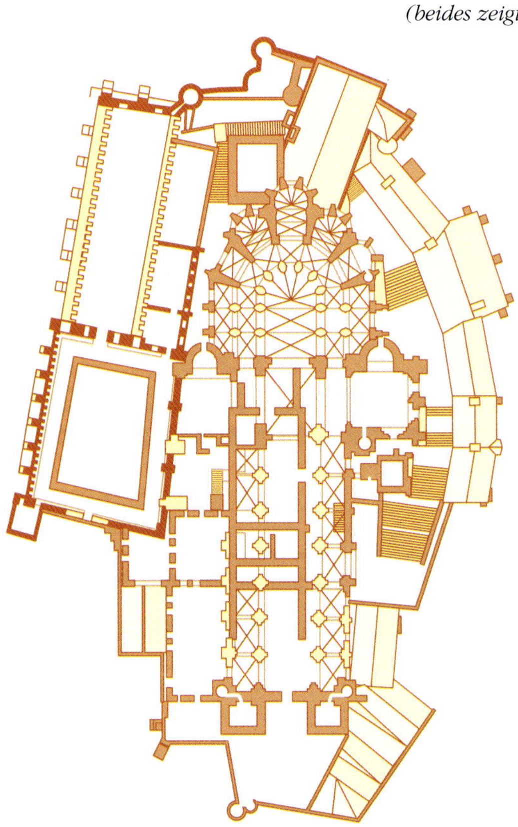

Grundriss der Benediktinerabtei Mont Saint-Michel → S. 34

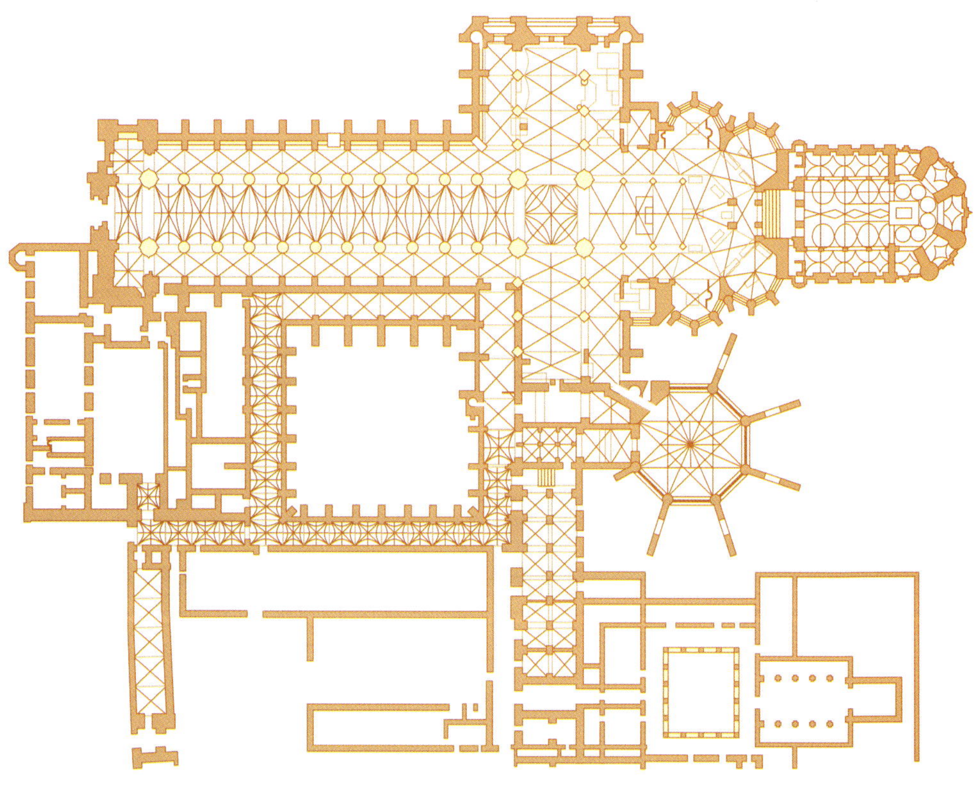

Grundriss der Benediktinerabtei Westminster Abbey → S. 45

Normalplan eines Zisterzienserklosters

1-7	Kirche	16	Auditorium
1	Presbyterium	17	Mönchslatrinen
2	Friedhofspforte	18	Kalefaktorium
3	Religiosenchor	19	Brunnenhaus
4	Krankenchöre	20	Mönchsrefektotium
5	Lettner	21	Lesesaal
6	Laienchor	22	Küche
7	Vorhalle (Paradies)	23	Durchreichen
8+14	Aufgang zum Dormitorium der Mönche (über 9,10, 13-16)	24	Sprechraum der Konversen
9	Sakristei	25	Konversenrefektotium
10	Armarium	26	Konversenlatrinen
11	Mönchspforte	27	Durchgang mit Treppe zum Konversendormitorium (über 25, 27, 28)
12	Lesesitze im Kreuzgang	28	Vorratskeller
13	Kapitelsaal	29	Konversengasse
15	Sprechraum (Parlatorium)	30	Konversenpforte

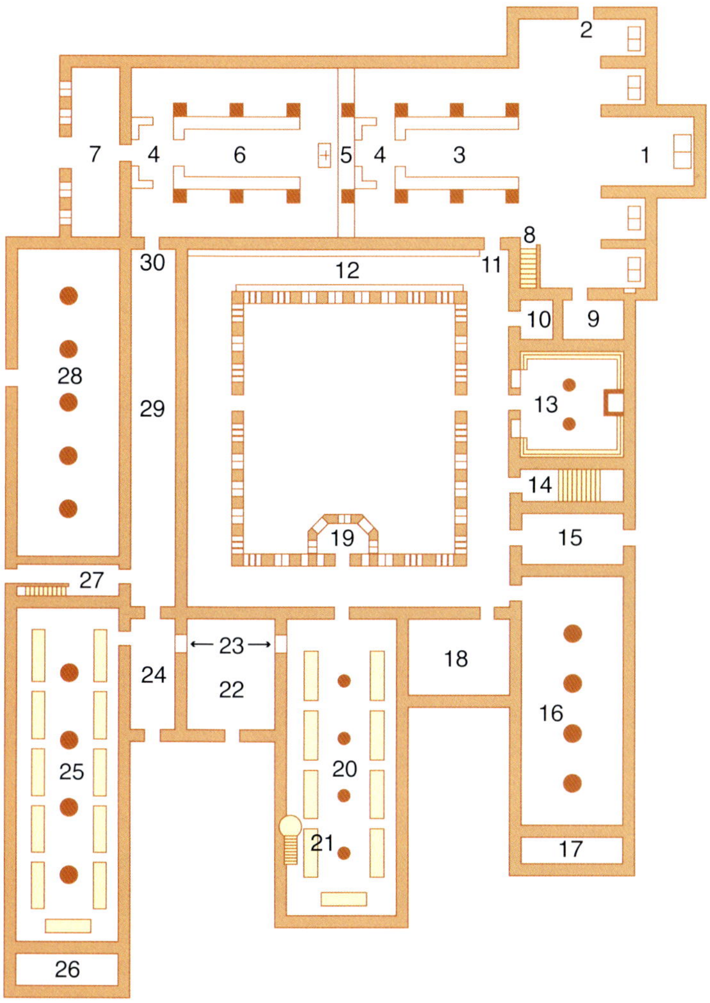

Basisaufbau eines Klosters des Zisterzienserordens – mit Funktionsangaben für die einzelnen Gebäude und Trakte

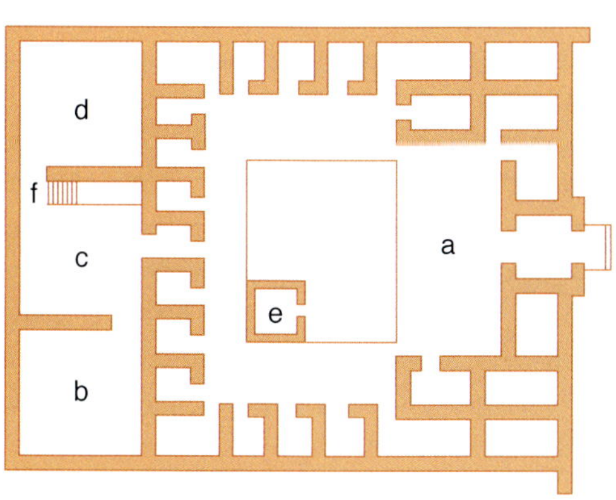

a: Hauptportal
b: Versammlungsraum
c: Küche
d: Speisesaal
e: Baderaum
f: Treppe ins Obergeschoss

Basisgrundriss eines frühen buddhistischen Klosters (Vihara): Bhamala in Taxila (Nordostpakistan)

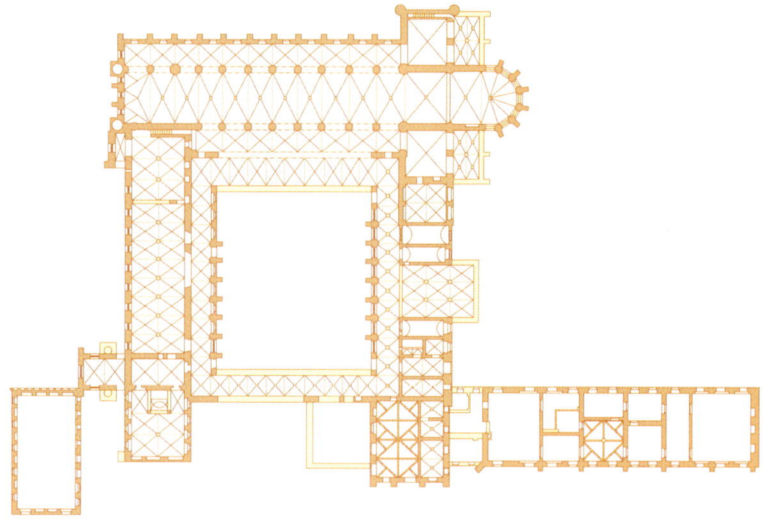

Grundriss des Zisterzienserklosters Chorin → S. 55

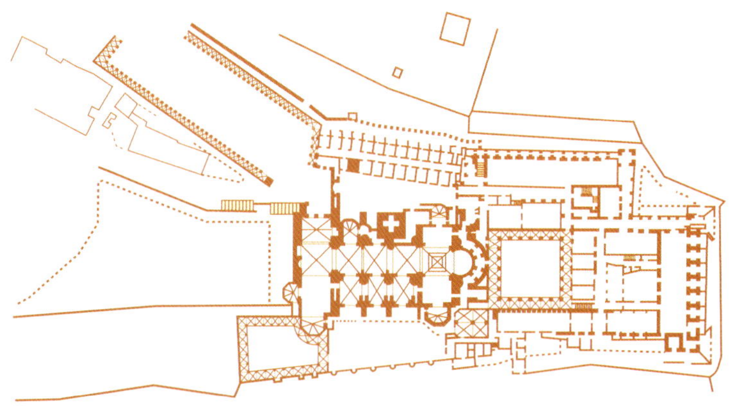

Grundriss des Klosterkomplexes und der Klosterbasilika San Francesco in Assisi (Italien), das Mutterkloster des Franziskanerordens → S. 61

A: Großer Kreuzgang – Verbindung zwischen den Eremitenhäuschen und der Kirche

B: Kleiner Kreuzgang – Verbindung zwischen den Gemeinschaftsräumen

a: Großer Kreuzgang
b: Zwischengang
c: Vorraum
d: Vorratsraum für Holz, auch Arbeitsraum
e: Abort
f: Studier- und Schlafzimmer
g: Gebetsraum

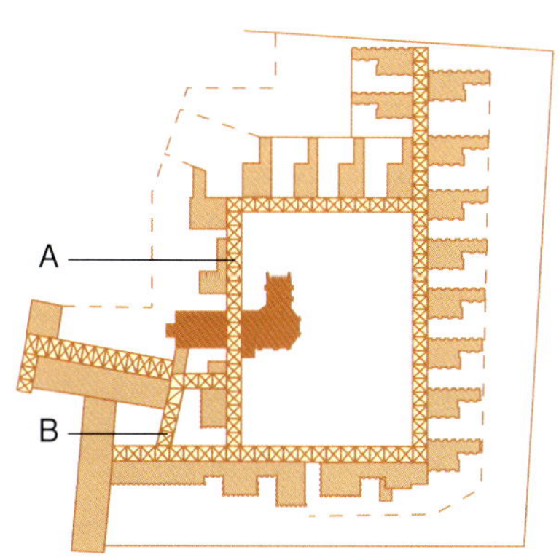

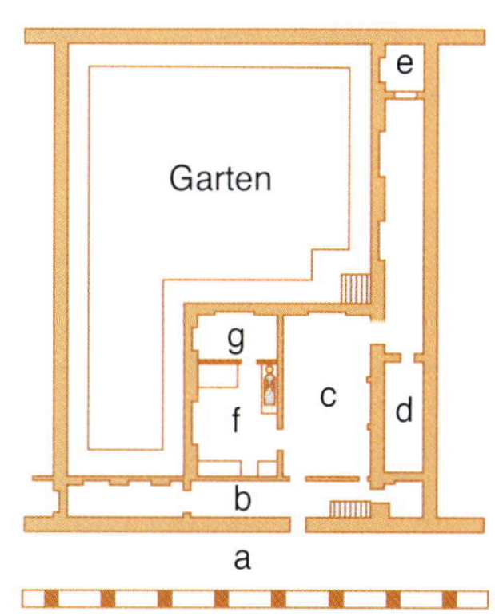

Basisgrundriss eines Klosters des Kartäuserordens

Grundriss einer Mönchszelle mit Garten in einem Kartäuserkloster

Glossar der Klosterarchitektur

Dem Schwerpunkt des Buches entsprechend wurden nachfolgend nur Fachbegriffe der christlichen Klosterarchtiektur aufgenommen.

Apsis (griech.: Wölbung, Rundung, Bogen): Halbkreisförmige oder polygonale Altarnische in Tempeln oder Kirchen, die von einer Halbkuppel bedeckt wird; ursprünglich Ort der Priester und Bischöfe, wurde die Apsis ab dem 9. Jahrhundert zu einem Teil des → Chorraumes.

Arkaden (lat. *arcus:* Bogen): Von Säulen oder Pfeilern getragene Bögen oder Bogenreihen; Stilelement der Antike, in der Romanik bei Kirchenbauten auch im Kircheninnern eingesetzt, etwa bei der → Basilika zur Abtrennung der Seitenschiffe vom Hauptschiff, die jedoch optisch und akustisch verbunden bleiben. Arkaden, die vor geschlossene Wände gesetzt sind, werden als Blendarkaden bezeichnet.

Backsteingotik: Gotischer Baustil vor allem von Kirchen, Klöstern und öffentlichen Gebäuden, der sich durch Verwendung von meist roten Ziegeln (Backstein) auszeichnet; Bauzeit 12.–16. Jahrhundert in Norddeutschland und dem Ostseeraum.

Basilika (griech. *basiliké:* Königshalle): Kirche, deren mittleres → Kirchenschiff höher ist als die Seitenschiffe und über eigene Fenster in den oberen, die Seitenschiffe überragenden Wandflächen (Obergaden) verfügt.

Bündelpfeiler: Pfeiler von quadratischem oder kreuzförmigem Grundriss, dessen Kern rund herum mit (nicht tragenden) Blend-, Halb- oder Dreiviertel-Säulen umgeben ist.

Chor (auch Chorraum oder Presbyterium): Altarraum der Kirche (vor der → Apsis), meist am östlichen Ende des → Kirchenschiffes, der dem Klerus (griech. *presbyter:* Älterer, Priester) vorbehalten ist; in Zisterzienserkirchen ist der Chor der Mönche von dem der Laienbrüder getrennt.

Dachreiter: Kirchendachaufbau in Form eines schlanken, kleinen Türmchens, das oft als Glockenstuhl dient; im Gegensatz zum echten Kirchturm hat der Dachreiter kein eigenes Fundament, sondern wird mit Pfosten dem Dachstuhl aufgesetzt. Entwickelt wurde der Dachreiter ab dem 13. Jahrhundert von Zisterziensern und Bettelorden, deren Kirchen ursprünglich – dem Ideal architektonischer Schlichtheit folgend – keinen Kirchturm besaßen.

Dormitorium (lat.: Schlafraum): Schlafsaal eines Klosters; in frühen Klöstern besaß nur der Abt eigene Räume, die Mönche schliefen in einem gemeinsamen Schlafsaal. Erst die Chorherren führten einzelne Mönchszellen (lat. *cella:* kleiner Raum) ein.

Fries: Schmaler Streifen zur Abgrenzung, Gliederung oder Dekoration bestimmter Gebäudeteile; oft als Aufeinanderfolge geometrischer Formen (Rollen, Rauten, Zinnen, Akanthus, Mäander usw.) schmuckvoll gestaltet.

Hallenkirche: Kirche, deren → Langhaus Kirchenschiffe von gleicher Höhe unter einem gemeinsamen Satteldach vereinigt.

Ikone (griech. *eikóna:* Bild, Abbild): Kultbild der orthodoxen und orientalischen christlichen Kirchen, als geweihte Bilder zentrale Elemente der östlichen Liturgie; Ikonen gehen auf als wundertätig geltende Bilder zurück. Man unterscheidet Christus-, Marien- und Heiligenikonen. Um ihre Verehrung entbrannte der „Byzantinische Bilderstreit" (726–842).

Ikonostase: Mit Ikonen geschmückte, in der Regel hölzerne und mit Gold überzogene Bilderwand, die in orthodoxen Kirchenbauten das Kirchenschiff mit den Gläubigen vom Altarraum mit dem Priester trennt. Eine Ikonostase besitzt drei Türen: die zentrale zweiflügelige, sogenannte Königliche Tür mit Darstellung der Evangelisten, Marias und des Erzengels Gabriel, sowie die westliche und östliche Tür mit Darstellung der Erzengel.

Kapelle (lat. *cappa:* Mantel): Im Bereich der Klöster und katholischen Kirche meist kleinere Kirche, die ursprünglich nur von bestimmten Gemeinschaften genutzt wurde und nicht den kirchenrechtlichen Status einer Kirche hatte; später diente die Kapelle meist als Gottesdienstraum für bestimmte Funktionen (Taufe, Anbetung des Allerheiligsten, Grablege), in großen Kirchen oft als Seitenkapellen, die einzelnen Heiligen gewidmet sind.

Kapitell (lat. *capitellum:* Köpfchen): Oberer, meist verbreiterter Abschnitt einer Säule; oft mit vegetabilen Motiven (Akanthus, Lotus, Lilie) verziert, im Mittelalter auch mit Gesichtern, Figuren und Szenen geschmückt.

Kapitelsaal (auch Kapitel): Hauptversammlungsort einer Klostergemeinschaft; meist zudem der Ort der Abtwahl und des Ablegens von Ordensgelübden (Profess).

Katholikon (griech.: das Allgemeine): Hauptkirche in griechisch-orthodoxen Klöstern, in der Regel die größte Kirche auf einem Klosterareal; das Katholikon besitzt zumeist einen → Narthex und eine Kathedra (bischöflicher Thron).

Kirchenschiff: Innenraum einer Kirche, wenn sie durch Säulen, Pfeiler oder → Arkadenbögen in mehrere Bereiche unterteilt ist; den Mittelbau bezeichnet man als Mittelschiff, die abgeteilten seitlichen Räume als Seiten- oder Nebenschiffe.

Konvent (lat. *conventus:* Zusammenkunft): Ursprünglich die Zusammenkunft der Vollmitglieder eines Klosters; später wurde auch der gesamte Wohnbereich eines Klosters als Konvent bezeichnet.

Konversentrakt: Vom Bereich der Mönche getrennter Klosterbereich für die Laienbrüder eines Klosters (Konversen), die ohne geistliche Weihen und mit verminderter Gebetspflicht im Kloster lebten; sie arbeiteten als Klosterhandwerker – vor allem als Bauleute –, bestellten Landwirtschaft und Gärten, verwalteten die Kornspeicher (Grangien) und unterstanden dem Abt und dem Wirtschaftsverwalter (Cellerar) des Klosters.

Kreuzgang: Von einem Gewölbe bedeckter Umlauf mit zum Hof geöffneten → Arkaden um den zentralen Hof oder Garten eines Klosters; meist verbindet er die Klosterkirche mit anderen Klostergebäuden und dient der Andacht, aber auch als Friedhof. Der Kreuzgang entstand entweder aus dem frühchristlichen → Narthex oder aus der Innenhofgestaltung römischer Villen.

Kreuzgratgewölbe: Gewölbe, bestehend aus (mindestens) zwei komplett gemauerten → Tonnengewölben.

Kreuzrippengewölbe: Hauptelement gotischer Architektur: Über ein Quadrat (als Grundriss) werden zwei Rundbögen (Rippen) mit gemeinsamem → Schlussstein über die beiden Diagonalen gezogen – anstelle von vier Rundbögen über die vier Seiten des Quadrats.

Krypta (griech.: die Verborgene): Eine über Treppen begehbare unterirdische Grabstätte (Gruft), meist unterhalb des → Chores (der → Apsis) oder des Altars einer Kirche.

Langhaus: Aufenthaltsort der Gemeinde (Laien) in Kirchen; traditionell ein länglicher, rechteckiger Bau mit einem, drei oder fünf → Kirchenschiffen.

Maßwerk: Filigrane Steinmetzarbeiten als Dekor von Kirchenfenstern (besonders des oberen Teils) und Brüstungen mit bestimmten Formen und Mustern; in der Gotik perfektioniert.

Narthex (griech.: Kästchen): In einer → Basilika über die gesamte Breite reichender Vorraum in Form einer rechteckigen, eingeschossigen Vorhalle, meist an der Westseite der Kirche, die über → Arkadenbögen mit dem Kirchenraum verbunden ist; liegt dieser Raum innerhalb des Kirchenbaus, so heißt er Esonarthex, befindet er sich außerhalb und der Fassade vorgelagert, wird er Exonarthex genannt. Er diente ursprünglich vor allem Taufzeremonien und wird bei Klosterkirchen auch als Paradies bezeichnet.

Portal: Besonders hervorgehobener Eingang zu Klöstern, Kirchen oder Palästen; oft mit Säulen und → Tympanon oder szenischen Darstellungen ausgestaltet.

Portikus (lat.: Halle): An den Seiten offener oder teilweise geschlossener, überdachter Raum, der dem Eingang einer Kirche oder eines Hauses vorgelagert ist.

Querhaus (auch Querschiff oder Transept): In rechtem Winkel zum → Langhaus einer Kirche verlaufendes kleineres Schiff; durch ein Querschiff entsteht meist eine Kreuzform im Kirchengrundriss. Der Kreuzungspunkt von Quer- und Langhaus wird → Vierung genannt.

Refektorium (lat. *refectio:* Wiederherstellung, Erholung): Speisesaal eines Klosters; oft auch Versammlungsort der Mönche bzw. Nonnen.

Rosette (franz.: kleine Rose): Kreisrundes Fenster über dem Portal gotischer Kirchen; oft von gewaltiger Größe, mit buntem Glas und → Maßwerk im Aufbau streng symmetrisch, meist in Form konzentrischer Kreise aufwendig gestaltet. Die Rosette symbolisiert die göttliche Vollkommenheit sowie die von einem Zentrum in alle Richtungen gleichmäßig ausstrahlende Liebe Gottes.

Rundbogen (auch Halbkreisbogen): Stilelement der Antike bis Romanik: halbkreisförmiger Bogen von genau 180 Grad vor allem bei Kirchenfenstern und Torbögen.

Sanktuarium (lat.: Heiligtum): Altarraum (→ Chor) und → Apsis einer Kirche, deren Betreten den Laien verboten war; in Klosterbibliotheken auch der Aufbewahrungsort geheimer Schriften.

Schlussstein: Stilelement der Gotik: meist auffällig gestalteter Stein im Kreuzungspunkt der Rippen eines → Kreuzrippengewölbes.

Skriptorium (lat. *scribere:* schreiben): Schreibstube eines Klosters, in der besonders im Mittelalter Texte durch Abschreiben vervielfältigt und illustriert wurden.

Spitzbogen: Zentrales Stilelement der Gotik: nach oben spitz zulaufender Bogen vor allem bei Kirchenfenstern; löste den romanischen → Rundbogen ab.

Strebewerk: Stilelement seit der Spätantike, das in der Gotik zu höchster, auch ästhetischer Perfektion gelangte: ein System von Strebepfeilern und Strebebögen, das (in der Regel) außen neben den Gebäudewänden angebracht ist und als tragendes Element den Seitenschub (die Drucklast) von Gewölben auffängt.

Tonnengewölbe: Gewölbe mit zwei gleich langen, parallelen Widerlagern; Widerlager sind die Bauelemente, die horizontale und eventuell vertikale Kräfte – etwa eines Gewölbes – aufnehmen und stützen können. Der oberste Teil des Widerlagers, auf dem das Gewölbe direkt aufruht, wird Kämpfer genannt.

Tympanon (griech.: Handtrommel): Schmuckfläche in Giebeldreiecken oder über Portalen; als Stilelement bereits in antiken Tempeln verwendet, bei christlichen Kirchen als halbkreisförmiges Bogenfeld über dem Portal gestaltet. Im Mittelalter wurde das Tympanon oft mit plastischen Szenen – meist Christus als Weltenrichter beim Jüngsten Gericht, der die Erlösten und die Verdammten voneinander scheidet – ausgearbeitet.

Vierung: Quadratischer Mittelraum beim Zusammentreffen von → Langhaus (Hauptschiff) und → Querhaus einer Kirche; die Vierung trennt das Langhaus vom → Chor.

Vierungskuppel: Stilelement der Romanik: Kuppel über der → Vierung.

Vierungsturm: Stilelement in der englischen und normannischen Gotik: Turm über der → Vierung.

Westwerk: Oft wehrbauartige Fassadenfront vor allem an Reichsklöstern der Karolingerzeit; selbstständiger, einem Kirchenbau vorgelagerter Gebäudeteil mit gewöhnlich drei Türmen: einem höheren zentralen und zwei niedrigeren flankierenden. Das Westwerk wurde von den Reisekönigen oft als Kanzlei und Gerichtsstätte genutzt und besaß eine Herrscherempore in den dahinterliegenden Kirchenraum hinein. Seit der Ottonenzeit (919–1024) durch andere Fassadengestaltungen weitgehend abgelöst; das älteste erhaltene Westwerk besitzt die Abtei Corvey (Deutschland).

Klöster

die in die UNESCO-Liste der Stätten des Weltkultur- (und -natur-)Erbes aufgenommen wurden*

EUROPA

Belgien:
Beginenhöfe der flandrischen Städte (1998) → **S. 76**

Deutschland:
Klosterkirche St. Michael (Michaeliskirche) Hildesheim (1985) → **S. 31**
Kloster Lorsch (1991) → **S. 30**
Klosterinsel mit Kloster Reichenau (2000) → **S. 26**

Frankreich:
Mont Saint-Michel mit Kloster (1979) → **S. 35**
Klosterbasilika Sainte Marie-Madeleine in Vézelay (1979) → **S. 34**
Kloster Fontenay (1981) → **S. 48**

Griechenland:
Berg Athos mit Klöstern (1988) → **S. 166 + 132**
Metéora-Klöster mit Felsen (1988) → **S. 128**
Klöster Daphni, Hosios Lukas und Nea Moni auf Chios (1990) → **S. 123 – 125**
Johanneskloster mit Höhle der Apokalypse und Altstadt auf Patmos (1999) → **S. 122**

Großbritannien:
Fountains Abbey (1986) → **S. 56**
Westminster Abbey (1987) → **S. 45**

Irland:
Felseninsel mit Kloster Skellig Michael (1996) → **S. 18**

Italien:
Basilika San Francesco und Gedenkstätten des heiligen Franziskus in Assisi (2000) → **S. 60**

Malta:
Stadt Valletta mit Ordensburg (1980) → **S. 72**

Österreich:
Stift Gottweig (2000) → **S. 92**
Stift Melk (2000) → **S. 93**

Polen:
Ordensburg Marienburg in Malbork (1997) → **S. 75**

Portugal:
Hieronymus-Kloster in Belém/Lissabon (1983) → **S. 12 + 78**
Kloster Santa Maria da Vitória in Batalha (1983) → **S. 80**
Templerburg und Christuskloster in Tomar (1983) → **S. 71**

Rumänien:
Sieben Kirchen und Moldauklöster, darunter das Kloster Voronet (1993) → **S. 140**

Russland:
Sankt Petersburg, Stadtzentrum mit Alexander-Newski-Kloster (1990) → **S. 152**
Kloster der Solowezki-Inseln (1992) → **S. 148**
Kloster Sergijew Possad bei Moskau (1993) → **S. 146**
Kloster Ferapontow bei Wologda (2000) → **S. 149**
Kloster Nowodewitschi in Moskau (2004) → **S. 150**

Schweiz:
Stiftsbezirk Sankt Gallen (1983) → **S. 25**

Serbien:
Stadt Stavi Ras mit Kloster Sopoćani (1979) → **S. 142**
Kloster Studenica (1986) → **S. 143**

Spanien:
Altstadt von Ávila mit Karmelitinnenklöstern (1985) → **S. 79**

Tschechien:
Altstadt von Prag mit Jesuitenkirche und -konvent (1992) → **S. 82**

Ukraine:
Sophienkathedrale und Höhlenkloster (Petscherska Lawra) in Kiew (1990) → **S. 154**

AMERIKA:

Argentinien:
Jesuiten-Bauten im Raum Córdoba (2000) → **S. 85**

AFRIKA

Ägypten:
Katharinenkloster am Sinai (2002) → **S. 118**

Tunesien:
Altstadt von Sousse mit Ribat und Großer Moschee (1988) → **S. 193**

ASIEN

China:
Daoistische Heiligtümer und Klöster in den Bergen von Wudang Shan (1994) → **S. 191**
Potala-Palast, Jokhang-Tempel und Norbulingka-Palast in Lhasa/Tibet (1994) → **S. 182**

Indien:
Mahabodhi-Tempel in Bodh Gaya (2002) → **S. 174**

Japan:
Heilige Stätten und Pilgerwege der Kii-Berge, darunter Berg Koya-san mit Kloster und Kukai-Mausoleum (2004) → **S. 186**

Kambodscha:
Die Anlagen von Angkor mit Angkor Wat (1992) → **S. 183**

Syrien:
Krak des Chevaliers (2006) → **S. 73**

* Die Jahreszahlen in Klammern bezeichnen das Jahr der Aufnahme in die UNESCO-Liste. die Seitenzahlen verweisen auf Klosterbilder im Buch.

Bibliografie

Balthasar, Hans Urs von (Hg.): Die großen Mönchsregeln. Einsiedeln / Zürich / Köln 1961

Benz, Ernst: Geist und Leben der Ostkirche. Hamburg 1957

Binding, Günther u. Untermann, Matthias: Kleine Kunstgeschichte der Mittelalterlichen Ordensbaukunst in Deutschland. Darmstadt 1985

Bösch, Paul: Franz von Assisi – neuer Christus: Geschichte einer Verklärung. Düsseldorf 2005

Brück, Michael von: Religion und Politik im tibetischen Buddhismus. München 1999

Brunner-Traut, Emma: Die Kopten. Leben und Lehre der frühen Christen in Ägypten. Köln 1982

Clermont, Lothar: Jainismus und die Tempel vom Mount Abu und Ranakpur. Neu Delhi 1998

Eberl, Immo: Die Zisterzienser. Geschichte eines europäischen Ordens. Stuttgart 2002

Effenberger, Arne: Koptische Kunst. Leipzig 1975

Feld, Helmut: Franziskus von Assisi und seine Bewegung. Darmstadt 1994

Feld, Helmut: Ignatius von Loyola. Gründer des Jesuitenordens. Köln 2006

Fischer, Helmut: Die Ikone. Ursprung – Sinn – Gestalt. Freiburg / Basel / Wien 1989

Fischer-Schreiber, Ingrid: Das Lexikon des Taoismus. München 1996

Frank, Karl Suso: Geschichte des christlichen Mönchtums. Darmstadt 1993 (5. Aufl.)

Frank, Karl Suso (Hg.): Askese und Mönchtum in der Alten Kirche. Darmstadt 1975

Franz, Gerhard Heinrich: Buddhistische Kunst Indiens. Leipzig 1965

Gregor der Große: Der Heilige Benedikt (Buch II der Dialoge). St. Ottilien 1995

Guter, Josef: Lexikon der christlichen Klöster. Wiesbaden 2005

Harder, Johannes: Kleine Geschichte der orthodoxen Kirche. München 1961

Hattstein, Markus u. Delius, Peter (Hg.): Islam – Kunst und Architektur. Köln 2000

Hattstein, Markus: Weltreligionen. Köln 1997

Henss, Michael: Tibet. Die Kulturdenkmäler. Zürich 1981

Hildemann, Katrin u. Fitzenreiter, Martin: Äthiopien. Bielefeld 2004 (3. Aufl.)

Kawerau, Peter: Das Christentum des Ostens. Stuttgart / Berlin / Köln / Mainz 1972

Knowles, David: Geschichte des christlichen Mönchtums. Benediktiner, Zisterzienser, Kartäuser. München 1969

Koch, Wilfried: Baustilkunde. Gütersloh 1998

Komeč, Aleksej Ilijč: Russische Klöster. München 2001

Krüger, Kristina: Orden und Klöster. 2000 Jahre christliche Kunst und Kultur. Königswinter 2007

Kuchinke, Norbert: Russland unterm Kreuz. 1000 Jahre russisch-orthodoxes Christentum. Bergisch Gladbach 1987

Lacarrière, Jacques: Die Gott-Trunkenen. Wiesbaden 1967

Le Goff, Jacques: Franz von Assisi. Stuttgart 2006

Leroux-Dhuys, Jean-François: Die Zisterzienser – Geschichte und Architektur. Köln 1998

Lohrum, Meinolf: Dominikus. Leipzig 1987

Luxeuil, Columban von: Mönchsregeln (hg. v. Auf der Maur, Ivo, OSB). St. Ottilien 2007

Müller, Andreas: Berg Athos. Geschichte einer Mönchsrepublik. München 2005

O'Malley, John P., SJ: Die ersten Jesuiten. Würzburg 1995

Pevsner, Nikolaus, Fleming, John u. Honour, Hugh (Hg.): Lexikon der Weltarchitektur. Darmstadt 1971

Plaeschke, Herbert: Buddhistische Kunst. Das Erbe Indiens. Leipzig 1974 (2. Aufl.)

Plaeschke, Herbert u. Ingeborg: Hinduistische Kunst. Leipzig 1978

Posada, Gerardo: Der heilige Bruno. Vater der Kartäuser. Köln 1987

Salzburger Äbtekonferenz (Hg.): Die Benediktusregel. Beuron 2002

Schmidt, Oliver H. u. Feuerstake, Jürgen (Hg.): Die Zisterzienser und ihre Klöster in Brandenburg. Berlin 2005

Schütz, Bernhard: Klöster – Kulturerbe Europas. München 2004

Schütz, Christian u. Rath, Philippa (Hg.): Der Benediktinerorden: Gott suchen in Arbeit und Gebet. Mainz 2003 (3. Aufl.)

Thiem, Viola: Klöster. Heilige Orte in aller Welt. Erftstadt 2007

Thilo, Thomas: Klassische chinesische Baukunst. Leipzig 1977

Untermann, Matthias: Forma Ordinis. Studien zur Baukunst der Zisterzienser im Mittelalter. München / Berlin 2001

Weismayer, Josef (Hg.): Mönchsväter und Ordensgründer. Männer und Frauen in der Nachfolge Jesu. Würzburg 1991

Wollasch, Joachim: Cluny – Licht der Welt. Aufstieg und Niedergang der klösterlichen Gemeinschaft. Zürich 1996

Register

Bildnachweis

Achim Bednorz: 17 (o. re.), 18, 2 (u.), 31, 34–38, 40, 41 (o.), 45 (re.), 52 (u.), 78–79 (gr.), 84, 92, 93 (li. + re. o.), 96, 104–105

ArcoImages: 25 J. de Meester (u.), 30 F.Gierth, 85 Therin-Weise (li. u.), Therin-Weise (re. o.), R.Philips (re. u.)

Arturimages: 111 Roland Halbe (o.)

Architekten Jenssen & Skodvin: 113 (mi. + u.)

Bildarchiv Monheim: 4 Opitz (o.), 10 Achim Bednorz, 13 Opitz, 16 Achim Bednorz, 23 Paul M.R. Maeyaert (o.), 29 Roman von Götz (u.), 39 Roman von Götz, 45 Florian Monheim (li.), 54 Lisa Hammel, 60 Robert Janke, 70 Florian Monheim/ Roman von Götz (u.), 77 Lisa Hammel (o.), 82 Jochen Helle, 97 Markus Hilbich (o.)

Bridgeman: 46 (u.), 144, 145 (u.)

Corbis: 2 Elio Ciol, 5 Macduff Everton (u.), 8 Alfredo Dagli Orti (re.), 15 Fulvio Roiter (li.), Alfredo Dagli Orti (re.), 17 Josè F.Poblete (o. li.), 19 Darryl Hunt/Loop Images, 20 The Irish Image Collection (o.), 24 Josè F.Poblete, 32 Christel Gerstenberg, 42 Steven Vidler, 43 Philippa Lewis (o.), Michael Nicholson (u.), 46 Charles Caratini/Sygma (o.), 47 Christophe Boisvieux, 48 Paul Almasy, 49 Christophe Boisvieux (o.), Hamish Park (u.), 50 Fridmar Damm, 56 Steven Vidler (o.), Adam Woolfitt (u.), 57 Felix Zaska, 59 Elio Ciol (u.), 61 Elio Ciol (u. li.), Fabian Cevallos (u. re.), 62 Alinari Archives, 63 Francis G. Mayer (u.), 65 Grand Tour Collection, 66 Adam Woolfitt, 69 Macduff Everton (o.), 73 Angelo Hornak, 76 Martin Jones, 79 Mark Fiennes (u.), 83 William Manning, 88 Yann Arthus-Bertrand (o.), 94 Pascal Deloche/Godong (u.), 100 Gerald French, 101 Cees Van Leeuwen (o.), Michael Freeman (u.), 102 Richard Cummins (o.), Myopia (u.), 109 Aristide Economopoulos (o.), Layne Kennedy (u.), 111 Bob Krist (u.), 113 Thierry Orban/Sygma (mi.), 116 Remi Benali, 117 Michael Freeman (o.), Andrea Jemolo (u.), 118 Hanan Isachar, 119 Roger Wood, 120 Roger Wood, 121 Roger Wood (o.), Julian Kumar/Godong (u.), 124 Gian Berto Vanni (re.), 130 Robert Harding World Imagery (o.), 133 Alessandro Saffo (u.), 136 David Ball, 137 Mel Longhurst (o.), 138 Jose F. Poblete (o.), 151 Ivan Vdovin (o.), 155 Goebel, 158 Bojan Brecelj, 159 Antony Njuguna, 160 Pascal Deloche, 161 Ron Watts, 162 David C.Poole, 166 Art Yes Co. LTD, 167 Macduff Everton, 173 Frederic Soltan (u.), 174 Massimo Borchi, 175 Michael Freeman (li.), Christophe Boisvieux (re.), 177 Werner Forman (o.), Bob Jacobson (u.), 180 Michele Falzone (o.), Yang Liu (u.), 181 Rob Howard (u.), 182 Art Yes Co. LTD, 183 Kazuyoshi Nomachi (u.), 186 Demetrio Carrasco, 187 Michael S Yamashita (o.), Julian Calder (mi.), 192 Riccardo Spila, 194 Frederic Soltan/Sygma (u.), 197 Matthieu Paley (u.)

Getty Images: 6–7 Macduff Everton, 33 Dea/G.Dagli Orti, 88 Vecchio (u.), 97 Imagno (u.), 98 Imagno (o.), 107 Three Lions (o.), 129 De Agostini (o.), 147 Luis Castaoeda, 181 Occidor Ltd, 183 Travel Ink (o.)

Huber: 12 Simeone, 22 Kaos 02, 28 R.Schmid, 32 Spila Riccardo (u.), 44 Tom Mackie, 52 Baviera Guido (o.), 53 Ripani Massimo (o.), S. Raccanello, 55 Mehlig (li.), 63 G. Simeone (o.), 75 Mehlig, 80 F. Damm, 91 R. Schmid (o.), Mehlig (u.),

99 G. Simeone, 114 Ripani Massimo, 127 Mehlig (u.), 128 F. Damm, 129 Fantuz Olimpio (u.), 130 Tom Mackie (u.), 131 Fantuz Olimpio (re.), 132 A. Saffo, 133 A. Saffo (o.), 134 Ripani Massimo (o.), A. Saffo (u.), 135 Ripani Massimo, 137 Mehlig (u.), 140 Mehlig, 146 Gräfenhain, 152 Gräfenhain (o.), 184 PictureFinders, 185 Mehlig (o.), R. Schmid (u.), 193 R. Schmid

Mauritius Images: 4 Franz Waldhäusl (u.), 9 Photononstop, 14/15 CuboImages, 21 Photononstop, 23 Martin Siepmann (u.), 26 K.W.Gruber, 27 imagebroker, 29 Reinhard Kliem (o.), 41 Bernd Liedtke (u.), 51 Photononstop (u.), 58 CuboImages, 59 Egmont Strigl (o.), 64 age (u.), 72 John Warburton-Lee, 74 Manfred Mehlig, 77 Franz Waldhäusl (u.), 79 imagebroker (o.), 81 CuboImages (o.), 86 Profimedia (o.), Uta und Horst Kolley (u.), 87 Josef Beck, 89 Rene Mattes, 90 imagebroker, 94 Helmut Peters (o.), 95 Edwin Stranner, 98 Profimedia (u.), 103 Steve Vidler, 106 Sabine Lubenow, 108 Wojtek Buss, 122 Manfred Mehlig, 123 Manfred Mehlig (li. o.), Silwen Randebrock (re. o.), Nonstock (u.), 127 Maria Breuer (o.), 141 David Ball (o.), age (u.), 150 Ferdinand Hollweck, 153 age, 154 Ferdinand Hollweck, 156 John Warburton-Lee, 163 Michael Runkel (o.), 164 Oxford Scientific, 165 John Warburton-Lee (u.), 169 age (o.), 172 Giorgio Ricatto (mi.), 173 Maurice Joseph/Alamy (o.), 176 John Warburton-Lee, 178 age, 189 age (o.), 189 Stefan Auth (re. u.), 190 Author's Image (re.), 191 Thomas Born, 194 Jose Fuste Raga (o.)

Picture Alliance: 5 Harald Oppitz (o.), 7 Erich Lessing (o.), 8 Christiane Eisler/transit (li.), 11 dinodia, 25 akg-images (o.), 51 Orsi Battaglini/akg-Images (o.), 55 Bernd Settnik (re.), 61 Gerhard Ruf/akg-images (o. re.), 64 Tristan Lafranchis (o.), 67 Gerhard Trumler (o.), Karl Thomas (u.), 68 Trippmacher, 69 Jost Schilgen (u.), 70 Fred De Noyelle/Godong (o.), 71 Lou Avers, 81 Seelhoff (u.), 107 DB Roland Siegloff (u.), 110 Philippon Joel, 112 Ralph Lueger, 115 Harald Oppitz, 124 John Hios/akg-images (li.), 125 Josef Ege, 126 Rainer Hackenberg/akg-images, 131 Tristan Lafranchis (o.), 138 Thomas Schulze (u.), 139 Rainer Hackenberg, 142 Erich Lessing, 143 akg-images (o.), Zullo (u.), 145 akg-images (o.), 148 akg-images, 149 Harald Oppitz (o.), akg-images (u.), 151 Vladimir Raitman (u.), 152 Mayr (u.), 157 Robert B.Fishman (o.), 157 (u.), 163 Winter (u.), 165 united archives (o.), 168 dinodia, 169 dinodia (u.), 170/171 Beate Schleep, 172 dinodia (o.), 179 Poncar (o.), Bruce Connolly (u.), 187 KPA/Meta (u.), 188 dinodia, 189 Jörg Modrow (li.u.), 190 Hu Hao (li.), 195 Elizabeth Disney (o.), epa Kerim Okten (u.), 196 Scholz, 197 Dinodia (o.)

Frontispiz (S. 2):
Das Innere der Oberen Kirche von San Francesco in Assisi mit Blick nach Westen; zu sehen sind die schmuckvolle Deckengestaltung und die filigrane Fensterrose über dem Eingang.

Queen Street House
4 Queen Street
Bath BA1 1HE, UK

Producing: ditter.projektagentur GmbH
Redaktion: Kirsten E. Lehmann
Design: Sabine Vonderstein
Bildredaktion: Claudia Bettray
Kartengestaltung und Illustrationen: Burga Fillery, MILCH Design und Kommunikation
Lithografie: Klaussner Medien Service GmbH

IBSN 978-1-4075-5567-6

Printed in Malaysia